新潮文庫

ひとり飲む、京都

太田和彦著

はじめに

東京に住み、そこで働き、生活してきた。とくに不満はないが、ある年齢になったころから別の場所に住んでみたくなった。会社勤めをやめ、その後の大学勤めもやめ、定期的に通うところがなくなったからかもしれない。

外国は仕事か観光で行った程度で、言葉のできない私にはおそらく楽しくない。私が国内で何度も足を運び、東京とはちがう文化を感じるのは関西と沖縄だ。そこに住んで、異なる言葉、人情、味に浸りたい。しかし今住むところを畳んで引っ越し、一生住むほどではない。その土地の人になりたいのではなく、しばらく住んでみたいだけだから一、二年でいい。

その一、二年が、まだ身過ぎ世過ぎで働いている身としてはなかなか実現できない。これでは歳《とし》をとるばかり。せっかく実現できた時に、出歩いて酒を飲む気力体力がなくなっていたのでは意味がないとすこし焦《あせ》ってきた。

というわけでせめて一週間、仕事も家庭も捨て、単身で一つの町に住んでみようと考えた。話の出だしのわりにスケールの小さいのが情けないが、まず実行。一週間、好きなところに引っ越して毎夜酒を飲もう。ささやかな夢の実現だ。

行く先は京都に決めた。

ひとり飲む、京都

目次

冬編

写真　太田和彦

エッセイに描かれたお店の状況は
二〇一〇年～一一年取材時のものです。

ひとり飲む、京都

夏編

1日目　ヨコワ造りとハイボール

　六月の午後に着き、ホテルフジタ京都に入った。京都の観光シーズンは桜の春と紅葉の秋。また五月・葵《あおい》祭、七月・祇園《ぎおん》祭、十月・時代祭。このころはホテルがとれず値段も高い。その時季を避けた。

　五十歳を過ぎた頃から京都に時々来るようになり、宿は二条大橋たもとのここに落ちついた。建物は鴨川《かもがわ》に沿って長く、鴨川側の部屋は窓から見下ろす川の流れと、その彼方《かなた》の東山三十六峰の展望がすばらしい。窓の障子は外光をやわらかくさえぎり、ガラス窓を開けると川のせせらぎが聞こえる。川が好きで水音を聞いていると心が落ちつく。川べりの道に朝はジョギング、通学の自転車が行きかい、犬を連れた人がすれ違う。子供たちが川に入り水遊びをしている。川と人がなじんでいる風景はいくら見ていても飽きず、すっかりここが気に入った。

　しかし鴨川側の部屋は値段が高く一週間も泊まる私は贅沢《ぜいたく》できない。安く泊まれる期間と方法をホテルに相談し、ナントカプランをすすめられた。部屋は鴨川と反対の町側で、安いこちらはベッドと小さな机の簡素な室内。障子の窓を開けると目の下は一面にお寺の墓だ。しかしこれも京都らしい眺めとは言えまいか。墓場の隣はよく眠れる気がする。脇《わき》の高層マンションの人もベランダから下のお墓を毎日見ているだろう。

　ここを常宿にしたもう一つの理由は居酒屋が近いこと。京都に行けば必ず顔を出す居酒屋「赤垣屋」が、鴨川側の部屋ならば二条大橋の向こうに見え、夕方縄暖簾《なわのれん》が出るのを見ると「オ、開店」と出て行く。そこで待ち合わせた人が橋を歩いて向かうのを見たこともある。

　京都に限らず私が旅に出るのは酒を飲むのが目的ゆえ、飲み屋街の近くにホテルをとるのが肝心だ。歩いて飲みに行き、歩いて帰る。夏に店の冷房がきついとちょっと部屋に帰り一枚着てくる。買った物を置いてくる。最近は一軒目を出ると戻って一時間ほど横になって休み、再び出陣することも多い。店とホテルが近いとこういうことができる。家の近くに飲み屋があるのと同じだ。京都の夜の中心・木屋町にもホテルはあるが、朝おきて繁華街の真ん中にいるのはいささか体裁わるく、歩いて帰る道が閑静で、朝の気分がよいここに落ちついた。

着替えを引き出しに入れ、洗面具を風呂場《ふろば》に置き、段ボール箱で送った本を机に立て、パソコンを置くと一週間のわが家ができた。

さあ、飲みに出よう。初日はなじみの店がよい。今日は日曜だが、国際観光都市の京都は日曜に開いている店も多い。京都の店の休業日は日曜と決まっておらずばらばらで、印象では「本日休業」に当たる率がまことに高く臨時休業も多い。あてにしていた店の二番手、三番手を考えておくのが習慣になった。「祇園きたざと」に電話し「五時ひとり」と予約した。

床座りのカウンター

四条大橋から八坂《やさか》神社に向かう四条通の中ほど。朱壁の一力茶屋を入った祇園花見小路《こうじ》は観光京都の看板地域だ。二階に簾《すだれ》をおろした町家が両側にずらりと並び、外国人観光客もふくめて歩く人のため息がもれ、どこも入るにはちょっと敷居高く感じる。

そこは表で、ひとつ西に並行する西花見小路のお茶屋風町家にはさまれたせまい石畳道は人が少なく、夕刻となれば打ち水に露地行灯《あんどん》が灯《とも》り、手桶《ておけ》の野花を照らして京情緒満点だ。舞妓《まいこ》さんとすれ違ったこともある。その通りのいちばん奥あたり、小さな玄関の小さな白暖簾。つまり最もイメージする京都らしい場所の京都らしい店。私は入洛《にゅうらく》するとまずこの「祇園きたざと」に入り、やって来た実感をもつ。

「こんばんは」

「おこしやす」

祇園特有の小さな玄関で靴を脱ぎ、板の間を右にまわり、床座りのカウンターに腰をおろすと主人の北里さんがいつも通りに迎えた。大きな予約が入っているらしく左の座敷は卓に皿やグラスが並んでいる。

「日曜にご繁盛《はんじょう》ですね」

「いやたまたま、普段はもう……」

とは言うが忙しそうで、紺作務衣《さむえ》の若い使用人は増えたような気がする。

「えーと、ビール」

「おおきに、こちらビールおひとつ」

ここはコース料理ではなく、種類多い品書きから好きなもので一杯やれる居酒屋感覚がうれしい。造り、生麩《なまふ》田楽、名物梅蒸し、豆腐味噌漬《みそづけ》などなどに季節の鱧《はも》ももう出ている。主人は酒飲みの多い福岡で料理修業して玄界灘《なだ》の魚をはじめ各地の珍味酒《しゅ》肴《こう》を学び、全国のうまいものをそろえた。私は何度も来て品書きを端からとり、何も京都で食べなくてもよいような〈納豆オムレツ〉まで頼んだが、これが抜群にうまくて北里さんをニヤリとさせた。

京都、とくに女性にとっての憧《あこが》れは日本料理の華、京料理の割烹《かっぽう》だろう。女性雑誌の旅記事に欠かせない定番で、白衣白帽に身を固めた有名料理人の写真が入り、目にも美しい懐石コース料理が昼五千円、夜一万五千円はお値打ちと紹介される。人気の店は半年先の予約までいっぱいとか。敷居の高い有名カウンター割烹にいちどは座ってみたい。贅沢も大切よと女ごころをくすぐる。

私とて入ったことがないわけではないが、正直つまらなかった。順を追って出る料理は見事な盛りつけがちょこっとずつ。酒を追加すると意外な顔をされて頼みにくい。料理はうまいが女性向けで、男にはいささか気恥ずかしい。と思ううちに「これでおきまりです」とご飯が出ていやでもお終《しま》いとなり、最後の抹茶アイスクリームは手を出す気がしなかった。

もうひとつつまらなかったのは女性連れの客たちが「素敵ね〜、おいしいわあ」「うん、さすがにいい味だ」と板前の機嫌をとるように料理の話ばかりしている雰囲気だ。こちらは逆らうようにプロ野球の話などしたけれど、野暮な客と思われただろう。「お酒よりも料理を味わって頂きたい、今の季節ならおまかせコースがいちばんお得です」ということだろうが、自分の好きなもので一杯やる派としてはコース料理のカウンター割烹はやはりツマランなと結論づけた。まあ、場違いだったのだ。

というわけで「きたざと」だ。小皿のお通しがおいしい。

「これ、何？」

「平目の皮の唐揚げです」

それでは身の方もいただこう。ほどなく届いた〈平目造り〉は土佐酢をくぐらせた刺身と昆布〆《こぶじめ》の合い盛り。ガラス玉の箸置《はしお》きがもう夏の涼味をつくる。

いつもとるのはヨコワ（若いマグロ）の造りだ。トロが嫌いで赤身派の私に、関西で知ったヨコワは、脂《あぶら》ののりきる前の中トロのおいしさを教えた。大トロが年増熟女、中トロが妙齢の色気とすれば、ヨコワは娘の恥じらいの……あらぬ妄想はさておき。マグロ赤身の血の匂《にお》い、トロの脂を好むのは男性的な関東で、しなやかでほんのり艶《つや》のある女性的なヨコワを関西は好むのだろう。赤身を醤油《しょうゆ》に漬けてヅケにするなどという荒っぽい食べ方は京都の人には「おお、こわ（怖い）」なのだろうな。

そういうことで本日も〈ヨコワ造り〉。ガラスの俎板《まないた》皿に淡いピンクの軽くしっとりねっとりしたヨコワはやはり欠かせない。

ビールを終えて夏も日本酒燗酒《かんざけ》といこう。ここは新潟や伏見の手堅い数種をおく。東京の居酒屋は今や全国の銘酒地酒を数多くならべるのが常識で、その品揃《しなぞろ》えが店の売りになり客はそれに応《こた》えてうんちくを披露する。しかし京都は圧倒的に料理が主役で酒はあまり大切にされない。そもそもカウンター割烹は山ほどあるが居酒屋はとても少なく、東京で「この店の酒は何？」は普通の質問だが、京都では酒の銘柄の話はまず聞かない。注文は「酒」だけだ。そのかわりというわけではないが「この鮎《あゆ》はどこの川のつこうとる？」と言う。

「せんせ、おこしやす」

おかみが腰を置いて三つ指をついた。錆色《さびいろ》着物の着付けは寸分の隙《すき》もなく、私は床カウンターからあわてて足を抜いて座り直し挨拶《あいさつ》した。

おかみは花柳《はなやぎ》流の名取りで、昨年大阪国立文楽劇場で開かれた盛大な一門発表会のチケットをいただき、母娘競演のあでやかな舞踊を観賞した。花柳流の入門はお嬢さんの綾左さんがはやく、母娘といえども娘が姉弟子なのだそうだ。大きな発表会を終えて少し細面《ほそおもて》になられたようだ。主人にそう言うと「言うときます、喜ぶでしょう」と苦笑する。

煮るというより時間をかけて煮汁をしみ込ませたような〈とこぶし煮〉、極薄の切れ目に包丁の冴《さ》える胡瓜《きゅうり》を添えた〈もずく酢〉がおいしい。年齢のせいか最近は刺身よりも、こういう煮物や酢の物に箸が伸びるようになった。新鮮な刺身の生きている「気」を消化するには胃の力が必要でしばしば疲れてしまう。と言いながら今日も平目、ヨコワをたいらげたけれど。

「おこしやす、これ祝い物です」

主人に呼ばれて厨房《ちゅうぼう》から出てきたのは息子さんの浩右さんだ。細面に黒縁目がねの眼差《まなざ》し清らかな二十一歳。見習い然とした丸刈り頭がいい。料理修業のかたわら三味線稽古《けいこ》を九年続け、このほど杵勝《きねかつ》会名取り「杵屋浩右」となり、つい最近歌舞練《かぶれん》場で姉（綾左）、弟（浩右）の「左右競演」を披露したという。

さし出されたのはそのおりの披露目の袋だ。そこで開けるのははばかられ後にホテルで開くと、紅白「寿」畳紙《たとう》におさめた扇と手拭《てぬぐ》いだ。畳紙には「左京区岡崎円勝寺町　小丸屋住井謹製」とある。骨数の多い古竹小振りの京扇で、卵白を塗った艶のある白紙に表は家紋、裏は小さく「杵屋浩右」の名。こういうものこそ宝、どこぞでさりげなく開き「ほう、浩右さんの」と言われたい。店を出るとき祝儀《しゅうぎ》を渡すべきだったと後に気づいたが遅く、無粋をしてしまった。

奥の宴席に若い女性がどんどん上がってきて、送別会なのか挨拶が済んで拍手がわき、料理出しで店は忙しくなった。私には当店で一番好きな〈鯛《たい》のカマ焼〉が焼けた。唐草模様皿に赤茶の焦《こ》げと白銀網目模様の対比が美しく、ぴしっとヒレを立てふっくらと身が盛り上がる。箸を入れるとほわりと湯気が立ち上がり、こればかりはしばし専念。

「いらっしゃいませ」

カンカン帽に長い髪、Gジャンに花柄ジョーゼット・ロングスカートのお嬢さん、綾左さんが板の間に手をついた。ほっそりした小顔に真っ黒の大きな瞳《ひとみ》はスペインの歌姫のようだ。「私服も素敵ですね」と言うと顔を赤くし「すぐ着替えますよって」と向こうへ行ってしまった。「お嬢さん、おしゃれが似合いますね」主人の顔を見ると「最近はもうなに着るかわかりまへん」とまたも苦笑する。

若おかみというにはまだ早い綾左さんは花柳流名取り、弟は杵屋の名取り。「ご主人はなにか芸事は？」水を向けると「わたしはなんもできしまへんので、（稽古や発表会の）送り迎えのアッシーに徹してます」と笑う。最近酒もやめ「ますます便利に使われてます」と苦笑するが、将来の若おかみ、二代目主人にしっかり芸事を仕込み、足元を固めつつある満足感がみえる。芸事は六歳の六月六日に始めるとよいと言うが、とくに京都は子供のうちから稽古を仕込み、身についたものは一生だ。

北里さんはドライブで行くような比叡山《ひえいざん》の峠の一軒家に料理屋「北さん」を開店し、不便な場所なのにわざわざ行く価値があると通人の評判をよんだ。私もそのころ行き、獲《と》れた狸《たぬき》を飼っているようなこんな山奥の店でも客がくる京都という町の懐《ふところ》の深さに驚いた。比叡山で二十八年ののち祇園の真ん中に移転し、近くなって嬉《うれ》しいが私でも入れる店かと心配した。しかし料理も何も変わらず、まだ子供だった娘さんは花も恥じらう年ごろとなって店に立つようになったのだ。

着物に着替えた綾左さんの、すらりと背が高い柳腰はまさに百合《ゆり》の花。奥の座敷に三つ指をついて客が歓声をあげる。そんな華やぐ様子を斜めに見てカウンターで一人、盃《はい》を重ねる。これこそ旅の酒の醍醐味《だいごみ》、気分がいいのう。

旅は一人酒がいい。連れがいると話の相手が面倒だ。一人ならば黙って酒に、その土地の空気に浸っていられる。気が向けば店の主人と話すが、仕事中だからあまり簡単に声はかけない。仕事の手が空いてなんとなく客と話したいタイミングはあるもので、そこで声をかける。

「今日あたりは暑いですね」

「そうですな、これからですわ」

無難な会話が一番だ。私はここに何度も来ているが無難な話しかしない。奥様に挨拶をいただくのもこのごろのことだ。

もうひとつ、比叡以来の当店名物〈焼とろろ〉をやっぱり頼もう。主人はおもに包丁仕事だがこれは必ず自らつくる。今日はじっくり仕事を見よう。

とろろ・もずく・玉子黄身・出汁《だし》をボウルでしっかり攪拌《かくはん》して味を見て土鍋《どなべ》にとり、白身魚（今日は鯛）を入れて焼くと、やがて表面が焦げてふんわりと盛り上がる。小さなヘラですくい、熱く、軽く、味は濃く深い名品だ。

ああよく食べた。だいぶ長く居たように感じるが、五時に座ってまだ七時前。京都長逗留《ながとうりゅう》の最初の店で気持ちは京都化した。そろそろ御輿《みこし》を上げよう。

「どうもごちそうさん」

「まいどおおきに」

主人の挨拶はいつもその場であっさり。玄関におかみが立ち、綾左さんが履物をそろえる。もっと上等な靴を履いてくればよかった。

「まいどおおきに、どうぞまたおこしやす」

深々と頭を下げていただき、外の石畳に出た。

バーに挨拶

今日は夏至の一日前だ。一年で昼の一番長いときの夜七時。西花見小路もようやく夕闇《ゆうやみ》に染まり始め、赤みをおびた光が美しい。さてどうするか。居酒屋のあとはバー、いつものお決まりにしよう。

祇園花見小路を通り越して東へ入ると、もうここまでは観光客も入ってこない本当の祇園茶屋街になる。お茶屋街とはいえバーや飲む店もあるようだけど「一見《いちげん》さんお断り」の雰囲気はある。いずれこのあたりもなじみをもちたいものだ。向かっている「祇園サンボア」はそのさらに奥、弥栄中学校（平成二十三年三月に閉校）から祇園甲部歌舞練場へ曲がったところのお茶屋「も里多」の玄関脇だ。大阪を中心とする有名なバー「サンボア」は京都に三軒あり、一番古い「京都サンボア」は昭和三年開店。「祇園サンボア」は昭和四十七年、「木屋町サンボア」は平成二年。三軒のオーナーは叔父従兄弟《いとこ》関係だ。

「こんちは」

「おこしやす」

ここもなじみになった。私には「祇園きたざと」と「祇園サンボア」は歩いてはしごのセットコースで、居酒屋からバーはまことにつながりがよい。

「ハイボールね」

「ウイスキーはなにします？」

「角《かく》」

「はい、おおきに」

世はハイボールブーム。ウイスキーは若者にも息を吹き返したようで結構なことだ。しかしサンボアのハイボールは伊達《だて》ではない。

サンボアは大正七年神戸に開店し、七年後に大阪北浜に移って定着した。大阪に創業していた寿屋《ことぶきや》（現サントリー）は、日本初の国産ウイスキー「サントリーウヰスキー白札」を早速持ち込んだが店主は満足せず、ソーダで割ってレモン皮の小片を落として出すことにした。ハイボールの誕生だ。その後発売された角瓶は評判がよく、いま人気の角ハイボールはサンボアが育てたと言えるかもしれない。

その伝統のサンボアハイボールはウイスキーはダブル、氷なしでウイルキンソンタンサンを一本入れ、レモンピールする（レモン皮の小片をひねって香りをとばす）。専用グラスは下から四センチくらい上まで縦に細長いカットが一本入り、ウイスキーをここまで入れる目安というが、持つ時の指当てにちょうどよい。

「うまい」

SANBOA

「おおきに、どうも」

マスター中川さんのいつに変わらぬ、どこか照れたような応対だ。いつか簡単なテレビ取材をお願いした時、アガってしまっていたのがおもしろかった。戸を開けるとすぐ八席ばかりのカウンターのけれん味のないバーだが、先のテーブル席のさらに奥は、蹲踞《つくばい》に水がおちる本格の坪庭でさすが京都だ。蹲踞には盛大に野花が投げ込まれ、小さな照明が当たる。

最近まで玄関には山口瞳《ひとみ》の筆になる「サンボア」の白麻暖簾がかかっていたが、今はさる陶芸家の書いた欧文暖簾に替わった。サンボアの欧文表記は正しくは「SAMVOA」だが暖簾は「SANVOA」、袖《そで》看板は「SANBOA」とそのつど間違えたようだがまあええでしょというところか。カタカナの「サンボア」はお茶屋の構えによく合っていたが永年の風雪で引退して額装保存されている。

「おこしやす」

中でつながるお茶屋から現われた着物のおかみはマスターのお母さんだ。お座敷の手が空くと時々こうして様子を見に来てなじみに挨拶する。私も紹介され頭をさげた。お母さんがいるとどうも居心地悪そうな様子のマスターがいい。

マスターとは昨年暮に東京で会った。中川さんは父（故人）の始めた祇園サンボアを継ぐため東京新橋の「トニーズバー」で二年半修業し、平成元年にもどった。トニーズバーは古い歴史を持っていたが、平成二十一年に五十七年続いた店の閉店を決め、その最終日十二月三十日に中川さんは京都からお礼奉公で応援に駆けつけてカウンターに立った。そのとき同じく京都から客で来た寺町二条のバー「カルバドール」のマスター高山さんにも会った。

「あのときは超満員だったね」と話しながらハイボールは二杯めになり、ウイスキーはスコッチ「リンクウッド」。バーではカクテル派の私はウイスキーの銘柄はほとんど知らず、マスターおまかせだ。

入ってきた背の高い男を見て驚いた。カルバドールの高山さんだ。今日は営業日のはず。

「店は？」

「友達の送別会があるんで、早仕舞しました」

あ、そう。それにしてもなぜここへと聞くと「ハイボール一杯飲んでから行きたくて」と言うことはカッコいい。カルバドールは私の泊まるホテルフジタのすぐ近くで、今夜の寝酒に寄ろうかなと思っていたから、行けば臨時休業に会うところだった。なんだか話がうますぎる。

カルバドールはまだ新しいバーだが、中川さんと高山さんは仲がよく、テレビ取材でプロデューサーが祇園サンボアとカルバドールに出てもらいたいが、カルバドールが渋っていると中川さんに話すと、高山さんに電話をしてくれてOKとなったと聞いた。

新橋の話など少しして高山さんは本当に一杯でさっと出て行った。私が「ああ驚いた」という顔でいると中川さんがにやにやしているように見える。はは ぁ……。

三杯めのハイボールはスコッチ「ラングス　シュープリーム」の終売になった五年もので、深い熟成になる前のしなやかな味が魅力だ。ウイスキーはロングエイジングばかりではなく中間期を楽しむ飲み方もある。ハイボールという同じ飲み方で較《くら》べるとおもしろい。後半は中川酒学校でよい勉強をさせていただきました。

もう一軒

さて――。案外長居をして九時半をまわった。酒もほどほどに効いてきてぼちぼちホテルに帰ろうか。一週間も京都にいるんだ、そうがつがつ飲むこともあるまい。

いや待てよ、一週間も京都にいるんだ。であれば明日は何もすることがない。明日を考えず京都で飲みまくろうとして来たんだ、おおいにがつがつ飲もうじゃないか！

これだから酒飲みは恐ろしい。酔うと調子に乗り理屈をひねり出す。

祇園から西へ夜の四条大橋を渡り返す。京都市内は南北に流れる鴨川で東西に分かれ、東は祇園のお茶屋、割烹、クラブなどディープな夜の大人の町、西は木屋町から烏丸《からすま》に到《いた》る若い人も遊べる町。その橋懸かりが四条大橋で、橋東詰《ひがしづめ》の純和風歌舞伎《かぶき》の南座、西詰のイスラム風の東華菜館がランドマークだ。準備の始まった料理屋の夏の京都名物・川床や、これも名物（？）の、川面に沿って等間隔に腰をおろすカップルを橋の上から眺めると、京都に来たなあという実感がわく。

橋を過ぎて河原町《かわらまち》通を北へ上がり、御池《おいけ》通に到る手前の京都ロイヤルホテル&スパを右に入る通りが最近の私の注目場所だ。目当てはバー「タバーン・シンプソン」。

スコッチウイスキー「ブラック・アンド・ホワイト」の白黒テリヤ犬と「TAVERN　SIMPSON」と入るだけの白黒の電飾看板がスマートな階段を上がり、二階の黒いドアを押す。黒を基調に金色の真鍮《しんちゅう》パイプが効果的な英国伝統スタイルの内装で、手前は四人テーブル席、奥はゆったりしたソファの応接間。私の座った黒い艶のハイカウンター九席は、正面酒棚を曇りガラスでぼかし、酒瓶をこれ見よがしに見せていない。料理はオードブルやサラダ、マリネ、オムレツ、シチュー、ステーキ、サンドイッチ、スパゲティ、ピザなど基本がもれなくそろっている。

ギネススタウトの小瓶を開けて丁寧に注ぐ黒ビールが深々とうまい。海老《えび》・イカ・オクラのマリネにミント葉を添えた上品できれいなお通し一皿は、きちんと紙ナフキンにのせたナイフとフォークが似合う立派な料理だ。

ここに入るのは三度目で、東京にはおよそないタイプのバーにすっかり魅せられた。ホテルのレストランバーとはまた違う町場の、まさにタバーン（辞書には宿屋・居酒屋・酒場とある）。酒や料理の種類、味、サービスはフォーマルでありながら、店はリラックスした快活な雰囲気なのがいい。カウンター席は四十代とおぼしきカップル、四人席は女子を三人連れた大学の先生、隣では早めに店を切り上げたらしいママさんと女性が盛大に話しながら飲んで食べ、奥は会社帰りらしい女性を含む四、五人が愉快そうに歓談する。ここは大人が似合う店だ。

カウンターに立つ二人は六十歳そこそこか。黒ズボンに細身の黒ネクタイ、白ワイシャツ腕まくり、髪はともにさっぱりした刈上げクルーカット。事務的な格好をちょいと崩したのが年齢を経た渋い男の色気だ。やや小柄の方は料理サーブ担当で厨房から皿を届けながら飄々《ひょうひょう》とした毒舌で客の相手をし、背の高い方は酒担当で白布でグラス拭《ふ》きに専念。酒の注文が入ると白布をさっと肩にかけてボトルに手を伸ばすのが粋だ。

湯気を上げる〈牛タンシチュー〉は真っ白な皿に黒茶のタンが二つ、ホワイトクリームが半分かかり、緑のブロッコリを添える。そっとナイフを入れてひとくち。艶のあるコクに苦味もきいてたいへんおいしい。「京都の中心で深夜のタンシチューに黒ビールがうまい！」と叫びたい。

時間は十一時二十分になった。小柄な方が「○○ちゃん、飲もか」と声をかけビールの小瓶をぽんと開けて私と目が合い「十一時になると飲むんです」とニヤリとしてグラスに注いでごっくり。「あーうまい」の声がいい。こういう振舞いは大人の魅力だ。それをタイミングに厨房から若いコックが前掛けをはずしながら出てきた。店仕舞いだなとこちらも浮き足立つと「どうぞ、お酒はまだいいですよ」と声をかけてくれる。それはあり難い。カクテルメニューは基本はみな揃っている。

「ではもう一杯、モスコミュール」

「はい」

手際《てぎわ》よく作ってさし出し、自分は残っているビールを飲んで煙草《たばこ》をぷかりと一服。よく外国映画で見るバーのアフターアワーの雰囲気だ。それまで小さく流れていたソウルミュージックにかわり聞こえてきたのは加山雄三。エンディングテーマなのだろうか。

大人だなあ、この店。いいなあ、京都。

「祇園きたざと」8900円
「祇園サンボア」3900円
「タバーン・シンプソン」3450円

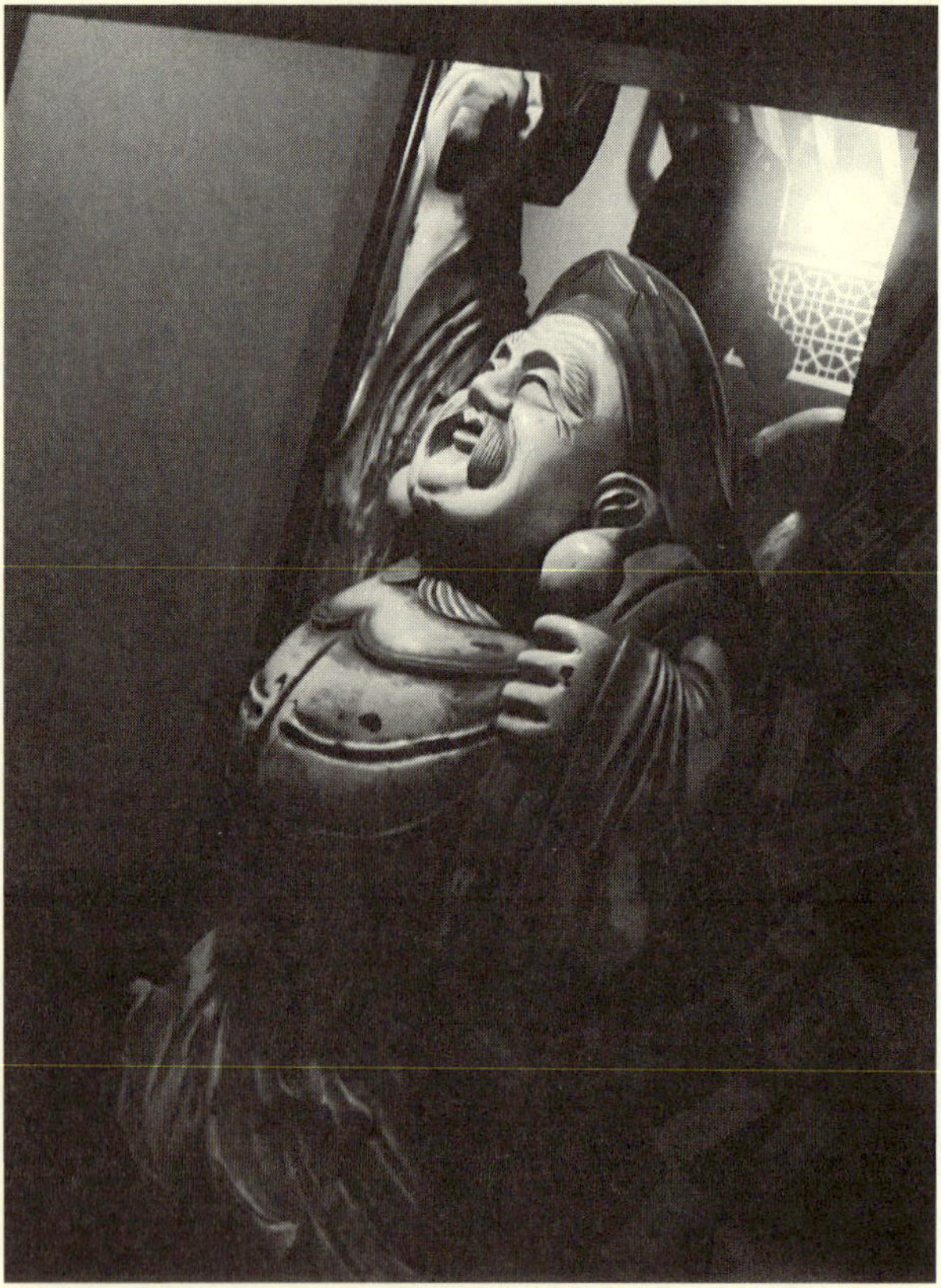

2日目　アラビアの真珠と鱧《はも》の焙《あぶ》り

「イノダコーヒ三条支店」のハイスツールに座り、コーヒー「アラビアの真珠」を注文した。

「砂糖とミルクはお入れしてよろしいですか？」

「はい」

近くのイノダコーヒ本店は朝七時から、この三条店は十時からやっている。外の通りに置いた大きな鉄製コーヒー挽《ひ》き機を目印に、広い売店とテーブル席を抜けた先が、私の座る大きな楕円形《だえんけい》カウンターだ。本店も広く気持ちよいが丸テーブルを一人で独占するには気が引ける。その点こちらは都合がよい。一人で来ても大きな円形カウンターに互いを見て座るのは、なんとはなしの連帯感もわく。

壁の額装はグァテマラの大きなコーヒー麻袋。庭の朝の光が広大な全面ガラスを通してたっぷりと入り、緑の苔《こけ》に椿《つばき》の植わる日本風の庭に、乳房も露《あら》わに踊るようなポーズの等身大女性彫刻が三体立つのは不釣り合いでおもしろい。

京都に来ると、朝はホテルフジタから歩き、こうしてここに座るのが習慣になった。円形カウンターの中で働く白帽・白上着に黒蝶《ちょう》ネクタイ、黒ズボンの制服男女店員、私の方は顔なじみだ。湯を沸かす大きな機器、深い寸胴《ずんどう》、大小様々の真っ白な琺瑯《ほうろう》水差し、カップを温めるバットなど、コーヒーひとつにも様々な道具がそろい、ミルクを小分けして冷やし、コーヒーをネルで淹《い》れ、長い食パンを慎重に八枚に切り、とけっこう仕事はあるものだ。仕事のすべてをつねに四囲から見られるのは緊張と清潔が欠かせないだろう。コーヒー一杯にここまでおおげさに神経を使い、仕事を見せ場にする喫茶店は他に知らず、京都のコーヒー文化を感じる。と言うよりも「文化」にもってゆく意識を思う。

「お待たせしました」

軽くかきまわしたアラビアの真珠の香りに今日も目がさめる。コーヒーはブラック派の私だが、ミルク、砂糖が最適の量で入ると酸味が強調され、苦味で固まっていた豆（でいいのかな）の力がぜんぶ出てくるのを知った。

京都新聞
民主40点
INODA'S

円形カウンターを囲むのは朝の常連とおぼしき中高年だ。一人も、夫婦らしき男女もいる。朝、夫婦で喫茶店に来るとはよい習慣で近所にお住まいなのだろう。顔見知り同士も多いようだがとくに会話するわけでもなくたいてい新聞に読みふけり、終わるとしばしぼうっとして、「さて、（朝の儀式も終わったし）行くか」とハイスツールから降りる。私はこの静かな集まりが気に入って、ここに座り、京都人になった気分にひたる。

中央紙にスポーツ紙もふくめ新聞各紙を置くが週刊誌や雑誌はない。私が空くのを待っているのは「京都新聞」だ。地方紙はだいたいおもしろいが、京都新聞は京都人脈による学芸文化記事に優れて読みごたえがあり、中央紙にはない京都の季節行事の記事もおもしろい。朝刊は「京北・上桂川で鮎《あゆ》の友釣りが解禁」「鞍馬寺竹伐《くらまでらたけき》り会式《え》。大蛇に見立てた青竹を山刀で切り、災いを断つ。僧兵姿で豪快な太刀さばき」と伝える。京都のもっともよい時間は、朝ここで地元紙をじっくり読む時かもしれない。

読み終えた新聞をたたんで戻した。京都は中高年老人が元気でパワーがあるとよく言われ、その通りだ。着る物にそれが表われる。黄色の半袖《はんそで》シャツを細身のジーンズにしっかりおさめ、赤いスニーカーをはいた人は短髪が真っ白だから六十代だろうか。若づくりがおしゃれだ。七十歳を超えたらしい大学教授風の紳士は、白髪にネクタイを締めてしゃれた替え上着で、朝のコーヒーといえども服装をきちんと整えている。対照的にアロハシャツに短パン、毛ずね丸出しのビーチサンダルで斜めに座り足を組んだもじゃもじゃ頭は芸術系の人だろうか、なんとも気楽な格好だ。ところが話す連れ合いが清楚《せいそ》な白ブラウスにひっつめ髪の知的な美人で二人のバランスが悪いが（どうも失礼）、これもまた京都らしいか。美人をちらちら見ていたけど、気づかれぬうちにやめた（人をじろじろ見るものではありません）。

思案は昼飯だ。京都の昼はつねにうどん。京都のうどんそばのおいしさは十分知った。今日はどこにしよう。

イノダコーヒ三条支店から錦《にしき》市場へ向かう堺町通にあるイノダコーヒ本店は大きな町家で、南米航路風の大きな汽船模型とここも大きなコーヒー挽き機が目印だ。手前の売店を抜けた奥は天井高い吹き抜けとゆったりした配席の喫茶室になる。つねに空席を待つ客がいるが、先客は決してせかされることはなく、コーヒーだけでなくゆったりした時間を持ってもらうのが喫茶店であることを守る。豆やカップなども販売され記念に店名入りカップを買ってゆく人も多く、コーヒーだけでこれほど大きな事業になるのだと感心してしまう。

今歩くのは堺町《さかいまち》通だが、三条から下る富小路通、高倉通、柳馬場《やなぎのばんば》通などはそれぞれ微妙な個性を持っておもしろい。京都の町並みの魅力は古い瓦屋根《かわらやね》の町家の間に点々と個性的な小さなショップが続くことで、前衛モダンや、こなれたヨーロッパ風が、古い町家と正反対ゆえに合う。東京のように、デザイナーが雑誌にでも紹介されようと作品意識でハッタリをかけたものではなく、センスだけで仕上げてしまった軽さがいい。富小路通はとくにファッションの小さな店が多く、品揃《しなぞろ》えもふくめてシックな感性は東京ではみられないものだ。

やってきたのは錦市場。せまいアーケード小路左右にびっしりと食料品のならぶ「京都の台所」錦市場はもはや観光化そのもの、京都の人はあんなところで買い物せえへんと言われるが、こちらはいっこう構わない。日常の食料品を仕入れにではなく食品の観光にゆくのだから。いちどはここを歩かないと京都に来た気がしない。

錦小路のうどん屋は西寄りの「山茂登」をひいきにしていたがいつの間にかなくなり、今はもっぱら東寄りの「まるき」だ。開店十二時の三分前でも店のおばさんと顔が合うと「待っとってや」と言われて外で待つ。十二時きっちりに暖簾《のれん》が出て入る。

きざみきつね　五二〇円
あんかけ　五二〇円
たぬき　五七〇円

玉とじ　五七〇円
鳥なんば　六二〇円
きつねカレーうどん　六〇〇円
肉カレーうどん　六七〇円
中華そば　六〇〇円
玉子丼　六五〇円
木の葉丼　六七〇円
親子丼　七〇〇円

カレー以外はすべてうどんもそばもできる。きざみきつねは油揚げの細切り、たぬきは油揚げ一枚そのまま、あんかけは天かす入り、木の葉丼は細切り蒲鉾《かまぼこ》を玉子でとじたもの、人気は椀《わん》そばと香の物がつく親子丼定食。私はここのメニューはほとんど食べた。

京都のそばうどん丼《どんぶり》ものが、どの店に入ってもはずれなくおいしいのは丁寧に出汁《だし》を取るからだ。日本料理のすべての基本の出汁が変哲もない品々をこれだけおいしく、この値段で日常的に食べられると旅行者を驚嘆させる。もう随分昔に祇園はずれの有名な「ひさご」でまず、きざみうどんを食べ、お代わりで親子丼も食べて私はノックアウトされた。以降京都の楽しみはこれ。マイブームとしては「きざみ時代」が長く、その後が「カレーうどん時代」、今は「鳥なんば」に落ちついた。本日の注文は〈鳥なんば〉に小ご飯をつけて計六六〇円。

ぱちり。箸《はし》を割ってまずおつゆをすすり「アー」と言い、あとはゆっくり。本日も全く言うことなし。毎日来ているらしい常連は中華そばでこれも試してみたいが、まだ私はそこまで踏み切れない。

昼をすませ、前の鶏肉店「鳥長」のベンチでしばらく休ませてもらった。〜とり、とり、とりの鳥長の、かしわ〜、かしわ〜、鳥長さすがにいいかしわ〜　女の子のかわいい声が繰りかえすCMソングをつい憶《おぼ》えた。隣は花屋、目の前は「御菓子司・京都鶴屋」。水錦《すいきん》茶・水まんじゅうというのが夏らしい。

色んな食料品を見ながらぞろぞろ行く人々を、こうして座って見ているのもいいものだ。ビデオカメラを持った外国人客も多く京都は何でも巧みに観光にする。いつもなら土産に「打田漬物」の養老漬と「三木鶏卵」のだし巻を買うところだが今回はまだはやい。

朝のコーヒーも飲み、お昼もすませ、さてどうするか。どうもしない、ホテルに帰って昼寝だ。若い頃は寺社名庭もまわった。中年になってからは町歩きが主体で、三条通に始まる建築ウオッチも隅々まで歩いた。今は夜の居酒屋にそなえ昼はホテルで寝ている。

「もう、歳《とし》ですな」「そうです、でもゼータクでしょ」

なじみの店へ

夕方四時半になった。ぐっすり昼寝して気分爽快《そうかい》、東京の蓄積した疲れが消えてゆくようだ。やっぱりよいことをしてるんだと言い訳する気持ち。

今からが長い。居酒屋探訪の旅に出ると開店の五時から飲み始め、ホテルに帰るのはだいたい十二時、遅ければ一時。およそ七時間は外で酒を飲んでいる。一日の労働は八時間が標準というが、そのくらいは働いていることになる。心身ともにへとへとになって深夜もどると素早く服を脱ぎ、手足を洗い歯を磨き、ウコンと胃薬を飲み、およそ十分後にはベッドにバタンで即睡眠。風呂《ふろ》は翌朝だ。

今日は月曜。週初めの月曜に東京にいないのは抜け出してきた気分十分だ。いよいよ本番、今日の最初は二条大橋たもとの「赤垣屋」に行こう。ここから歩いて三分だ。

「こんちは」

「オ、太田さん、いらっしゃい」

五時に一番で入ったつもりがすでに二人いる。幸いカウンター角のいつも座る席は空いていた。角のおでん槽《ふね》前に立つお燗番《かんばん》は顔なじみだ。

「何しまひょ」

「生」

お燗番の後ろは、冬は四斗樽《しとだる》、夏の今は生ビールのサーバー。

「へい、生お待ち」

ングングングング……。

生ビールをぐーっとやり、おもむろに今入った玄関を振り返った。開け放った引戸から縄のれんごしに、打ち水された外が見える。川端通の向こうは鴨川で視界をさえぎる建物はない。今日は夏至でまだまだ陽は高く、入口近いこの席は外の川風が入ってきて最高だ。だから一番に来てこの席に座りたかった。

「奴《やっこ》」

「へい、冷奴一丁！」

「冷奴一丁、ありがとうございます」

赤垣屋は京都の店にしては言葉のメリハリがきいている。客の料理注文は声で板前に立つ主人に伝達され、主人は律義に「〇〇、ありがとうございます」と復唱する。

白のダボシャツに足はゴム長だ。

いつもなら〈きずし〉あたりから入るのだが、今日の気分は〈冷奴〉だ。お通しは〈白菜と揚げの煮もの〉、京都風に言うなら〈白菜と揚げの炊《た》いたん〉は出汁がきいておいしい。

「冷奴、お待ち」

二つ切りされた豆腐（関東で言う半丁、京都の豆腐一丁は大きく、これはおそらく四分の一丁）に、粉のようにみじんに叩《たた》いた青紫蘇《あおじそ》を涼しげに散らし、たっぷりの醬油皿にはおろし生姜《しょうが》と青葱《あおねぎ》。京都の豆腐はうまいと言うがこれもじつにうまい。

ここに初めて入ったのは二十年近く前になる。今の主人の父は酒屋で、戦前から続く居酒屋赤垣屋に酒を納めていたが、戦争が始まり「あんた、この店せえへんか」と言われて引き継いだ。戦後すぐに築百年以上は経《た》つこの家に店を移して親子で続け、父は亡《な》くなり、今は二代目ということになる（ちなみに「赤垣屋」という居酒屋名は全国にときどきあり、それは忠臣蔵の「赤垣源蔵徳利《げんぞうとつくり》の別れ」に由来すると思うのだが）。

番屋風の引戸に本物の三和土《たたき》。左にカウンター、右に京畳三枚の小さな小上がり。家は大きいうえに奥に深く、石畳の中庭を囲んで床の間つきの座敷が二つ。あまり使わないが二階座敷もある。昔は手前はなにかの仕事場で奥は住まいだったようだが詳細はわからない。仕事場を居酒屋にした造りは質素ながら壁は割り竹、カウンター下は網代《あじろ》、足乗せは丸太と粋《いき》にしつらえ、黒光りするベニヤ天井から下がる裸電球がいい。初めて入って時間の堆積《たいせき》した静謐感《せいひつかん》に心を奪われて以来、「京都に来るとはすなわちこの店に来ること」になった。

経木の品書きには、きずし、てっぱいなど京都らしいものが並び、今日は〈ハモおとし〉がよく出ている。

「若狭《わかさ》カレイ」

「へい、カレイ一丁」

「カレイ一丁、ありがとうございます」

私はだいたいこの席に座り、目の前のお燗番とは昔はいろんな話などもしたが、この頃は「いつ来やはった」とも何とも聞かれなくなった。私もいつ来たとも言わなくなり、会話は注文と「へい」だけ。今日はすでに二十分は座っているが発した言葉は「こんちは、生、奴、若狭カレイ」だけだ。

しかしそれがいい。出張などで来て久しぶりに座るのではなく、京都に住む近所の人のように通ってくるのが望みだから。常連は話などしない、と言うか、もう話すことがない。

朝日新聞夕刊を手に入ってきた白髭《しろひげ》の人が私の右角に座りながら「カツオとぬる燗、コップで」と注文した。これは粋な注文の仕方だ。真似《まね》しよう。

「ぼくもカツオとぬる燗、コップで」

その人はちらりと私を見たがそれだけで、じっと新聞に目をおとす。

お燗はステンレスのちろりに酒をとり、おでん槽脇《わき》の燗付湯に浸《つ》け、左手中指をちろりの肌にじっと触れている。中指が温度計だ。頃合いになると引き上げて徳利に移し、その徳利をもう一度湯に少し沈めて、ようやく燗がつく。

「どうぞ」

出されたのは盃だ。以前自作の盃を店にプレゼントすると、いつも出てくるようになったその盃《さかずき》だ。コップと言ったはずだが「太田さんはこれでしょう」と無視するのが粋だ。最初の一杯だけは酌をしてくれる。私はニヤリとして酌を受けた。私が何を言おうが「へい」と答えてこの盃が出るだろう。

夏のぬる燗にひんやりしたカツオ刺身がうまい。今日はじっくりやるぞ。

私の左の男の貧乏揺すりが足乗せから伝わってくるのはいただけない。その男が注文のとき「オーイ」と手を上げるのも野暮だ。今入って来た一人はカウンターの満員を見て、向こう端のカウンターが切れた幅の部分に丸椅子《まるいす》を運んで座った。角隣は知

白鶴

り合いらしく、あそこは案外上席かもしれない。そのうち中ほどの一人が帰り、後ろの小上がりでどうもそわそわ座っていた一人が待ってましたというように自分の皿小鉢を持って移動、ようやく自分の指定席に落ちついたと満面の笑みを浮かべる。一方迷わず小上がりの小さな二月堂机に腰をおろす人もいる。カウンターの緊張を離れてこの席で店を傍観しながら飲むのもなかなかよろしい。

隣の朝日新聞の人はコップ酒とカツオでさっと帰り、入れ替わるように白シャツに黒ズボン、夏ながら紐《ひも》の黒革靴で、名優・志村喬《たかし》のような七十代とおぼしき白髪紳士が座った。何も言わないのに、キリンスタウト黒ビールとコップ、爪楊枝《つまようじ》が置かれ、肴《さかな》が見つくろいで少しずつ出てくる。これがこの人の決まりらしい。やがて黒ビールをコップ一杯残して「お酒、ハモおとしは軽めに」と初めて声を出した。コップの黒ビールは最後に飲むためか。いろんな常連のいろんな流儀がおもしろい。飲んべえは不思議なもので「注文は伝播《でんぱ》する」ことを発見した。カツオを真似たのは私。私の注文、冷奴→若狭カレイも誰かが真似していた。

六時を過ぎると電話がしきりに鳴り、主人が「今いっぱいで」と謝っている。客は風格ある老人が多く、静かに自分のスタイルを守って飲んでいる。大学の先生も多く、ノーベル賞受賞者についての難しい話が聞こえた時もあった。奥の座敷も客が入って店はほぼ満員だが、今来た一人はどうせそんなことだろうとばかりにためらわず、二階階段の上がりかまちに腰をおろし、前に勝手にビールケースを置いて盆をのせ、マイ席をつくりビールを手酌している。なるほど一番の上席はここだったたか。どうしてもこの店で飲みたいのだ。

貧乏揺すり男は帰り、べつの中年男女が座った。男が上着を脱ぐと女性が「なにか落ちるものはないわね？」とポケットをみる。「ああ、この席はいい風が吹く」と男が声をもらす。男は人がよさそうで、熱心に話す女性に「ふんふん、そう、へーえ」と優しい。フェリーか何かの船の仕事で日本中を回っているらしく、京都でなじみの女性に会っているようだ。

客への興味は終わりにして顔を上げた。上には清酒「名誉冠」と「大黒娘」「親孝行」の二枚の鏡がピカピカに磨かれて斜めにかかる。ちょうど自分の顔が映る角度だ。周りの客も映り込み、映画の俯瞰《ふかん》ショットのようだ。これは客が互いに映る顔を見て、居酒屋の一夜の連帯を感じるための仕掛けかもしれない。「水茄子《みずなす》くれへん」遠くから注文の声が聞こえ、私は「ぼくも」と声を継いだ。

まだゆくぞ

店を出ると夏至の長かった日も暮れて夕闇《ゆうやみ》となり、目の下を流れる鴨川の夜風が気持ちよい。赤垣屋にこんなに長く居たことはなかった。いつも京都に来るとあそこも行きたいここにもと落ち着かないが、長滞在は腰を据えて飲めるのがありがたい。

結構飲んだがまだ七時。少し歩こうかと並木の柳を分けて川岸に下り、やがて土手に腰をおろした。暗くなってきて人もいなく、都会の真ん中の川辺の草に一人座り込んでいられる。京都はこれができるのがいい。さらさらと水音をたてる川は対岸の料亭の灯りを映し、オイル焼「モリタ屋」の看板が目立つ。向こうの川べりはカップルの名所だが川端通のこちらは人影なく、このまま横になって眠れそうだ。夜の鴨川の土に座り、京都のよさを尻《しり》から感じる。

その尻も冷たくなってきた。もう一軒ゆこう。新京極の真ん中を脇に入った「蛸《たこ》八《はち》」は小粋な白木カウンターだけの通好みの小さな店だ。燗酒を頼む。お通しの柚子《ゆず》皮《かわ》を掃いた玉子豆腐は冷たい出汁がおいしい。額に筆字で、はも、たこ、いか、かつを、ぐじ、穴子、あげ納豆、はも柳川、魚そうめん、鴨ロース、生ずし、かしわ、うざく、小芋空揚、玉子トーフ、合物《あいもの》、丼物（はも・タイ・穴子）とある。昔は値段の書いてない店は落ち着かなかったが、最近は何万円もするわけではないだろうし、男ならそんなことでひるむなという気持ちもある。

「……鱧かな、はも」

「へえ、ちょい焙りか、おとし」

「ちょい焙り」

「おおきに」

　開きにして畳んだ大きな鱧を、重い鱧切り包丁でギッギッと皮一枚を残して骨切りしてゆく。皮と身の間が大切なのだそうだ。東京湾でも鱧は捕れるが調理ができないのであまり食べられないという。およそ八センチ丈の身に串《くし》を打ち、ガスの直火《じかび》で素早く焙って皿へ。雪のように白い身にゴマ粒のように点々と黒い焦《こ》げがついて全体は生温かい。ひと風呂あびた中年増の色気のような（言いますよ）上品な脂《あぶら》に梅肉、山葵醤油《わさびじょうゆ》ともに合う。

　東京ではどこがおいしいのかさっぱりわからなかった鱧を、京都で初めておいしいと思ったのは最近のことだ。脂の抜けた湯引きの「おとし」よりも、まだ脂の残る「焼霜つくり」の方が好きなのはまだ本当の味を知らないのかもしれないが。

　この店は開店およそ三十年、昭和七年生まれの老親方はなかなかの男前だ。

「蛸八とはいい名ですね」

「ここは蛸薬師通、蛸の足は八本、末広《すえひろ》ゆうことですね」

十席のカウンターはよく拭《ふ》いた白木が手触りよく、余計なもののない簡潔な仕事場は、色んな道具をプロを誇示するように置きたがる若手と違ういぶし銀の洗練だ。

二杯酢とおろし生姜でいただく〈きずし〉は大ぶりの鯖《さば》をさざ波のように薄く切り、かなり仇《あだ》っぽい色気だ。「どうぞ」と届いた黄金色《こがねいろ》の揚げたて〈鱧の骨せんべい〉は、しっとりしたきずしと対照的にカリコリと歯応《はごた》えよく精がついてゆくのがわかる。

「これはいい、ビールください」

「鱧は捨てるところあらしまへん」

頭と中落ちは出汁がとれ、皮は鍋《なべ》などに珍重される。関東の鰻《うなぎ》に代わるスタミナ食として料理法が工夫され、京都の夏には欠かせないものになった。祇園祭になると鱧相場で、最高の鱧寿司は一万五千円もして「もうワカランですわ」と笑う。今は韓国産によいものがあり対馬《つしま》産よりも高値だが、韓国ではあまり食べないのだそうだ。やはり調理技術が難しいからだろうか。

品書きのわからないものを聞いてみよう。

「合物って何ですか?」

合物とは和《あ》え物のことで今日は〈ずいきのごま酢和え〉。ずいきはおもに里芋の茎で、筋を剝《む》くと指が黒くなって取れないので料理人としては具合が悪く、家で剝いてもらい、湯がいて、絞って、出汁で煮て、ゴマたれで和えてと面倒な料理なのだそうだ。その面倒分がおいしい。

　奥の調理場にいて時々顔を出す、親方を手伝う若い板前は大柄の武者人形のような美男子だ。聞こえてきた「子供のころ、碁盤の目になっている京都の通りの名前を〈京都通り歌〉という歌で覚えた」という隣客との会話がおもしろい。その人はタクシー運転手に覚えさせられたそうだ。いわく、

〽丸竹夷二押御池（まるたけえびすにおしおいけ）
　=丸太町通／竹屋町通／夷川《えびすがわ》通／二条通／押小路《おしこうじ》通／御池通
姉三六角蛸錦（あねさんろっかくたこにしき）
　=姉小路通／三条通／六角通／蛸薬師通／錦小路通
四綾仏高松万五条（しあやぶったかまつまんごじょう）
　=四条通／綾小路《あやのこうじ》通／仏光寺通／高辻通／松原通／万寿寺通／五条通
雪駄ちゃらちゃら魚の棚（せったちゃらちゃらうおのたな）
　=雪駄屋町通（現・楊梅《ようばい》通）／鍵屋《かぎや》町《まち》通（鍵がちゃらちゃら）／魚棚通

――と続く。これは横（東西）で、縦（南北）もあり、また歌い込みの別歌もある。

〽坊《ぼん》さん頭は丸太町、つるっとすべって竹屋町、水の流れは夷川、二条で買うた生《き》

薬《ぐすり》を、ただでやるのは押小路、御池で出会うて姉三に、六銭もろて蛸買うて、錦で落として四かられて……

へー、京都の子供はこんな歌を歌っていたんだな。

鴨川の歌声

店を出ると、すでに閉まった新京極の商店街を火の用心の拍子木が練り歩いている。千年の都・京都も大火には弱く、火伏せ「火廼要慎《ひのようじん》」のお札は居酒屋の火の元によく貼《は》ってある。私が生まれて初めて京都に来たのは昭和三十六年だったか中学校の修学旅行で、米持参で旅館に泊まり、新京極をぞろぞろ歩いた。「菊一文字」という刃物屋のウインドに目を見張り、「ロンドンヤ」の回転する太鼓焼をうまそうだなと見たのを憶えている。

新京極を横切って来た先斗町《ぽんとちょう》路地の歌舞練場の前に敷いた青い柄タイルも見慣れてきた。京都で有名なバー「K6《ケーシックス》」にいた人が始めたと聞いた「バー・スタンド」を少々探し、一三番ろーじ（路地）奥の急階段を上がった。開店して六ヶ月だそうで、前の店を居抜きで使ったカウンターだけの古くさい店内がいい。酒棚の種類もまだ少ないがジントニックのジンは「ボンベイサファイア」だ。

K6に八年いたというマスターは今年三十四歳。修業を終えてここから出発ということだろうが、あまり気負わず、好みらしい絶叫調ソウルミュージックを小さくかけ、一人の城を持った喜びにまずは浸っているようだ。二条、ホテルフジタ隣のK6はカウンターがいくつもあり、それぞれにバーテンダーがいて、ここから育った若手も多く「養成所」と言われた。二杯目、ホワイトレディのジンは「タンカレー」で、それぞれジンを使い分けているらしい。まだできたばかりのバーに、これからじっくり通って波長をあわせて行こう。

夜も更《ふ》けて先斗町のほとんどの店は灯をおとして観光客は消え、歩く人は本当に用事のある人だけになった。そろそろ帰って寝よう。ホテルフジタは北、「上ル《アガ》」の方向だ。途中の先斗町公園のベンチをかねたようなガードレールに腰をおろすと、公園の樹の若葉の夜気を感じる。若い女性の手相見に短パンに帽子の若い男が見てもらっている。きっと自分に自信が持てないのだろうな。そのうち手相見女性と笑い声がおき、やはり若い同士だ、仲良し会話ができてよかったな。彼が帰ると再びあたりはシーンとなり、彼女は膝《ひざ》に手を置いた。

夜の十二時を過ぎて三条大橋から見る河原は、若い学生たちの車座宴会でいっぱいだ。学生には河原が似合う。四人、八人、二十人。男女が地べたに腰をおろし明かりもないままに語り合う。笑うグループは酒が入ってにぎやかだ。女抜きの男六人組は靴を脱いで裸足《はだし》だ。六月といえば新入学生は大学にも慣れ、仲間もできて一番楽しい頃だろう。

べつのグループからハッピーバースデイの歌がおきた。リーダーがいるらしく、歌声はやがて学校歌から皆の知るヒット曲になり、男の声に何人もの女性たちの臆《おく》せぬ澄んだ歌声がさわやかに響く。密室でマイク片手に一人で歌手気取りのカラオケとは違う、歌とはこういうもの、皆で声を合わせて歌うもの、なんとよい光景だろう。まさに青春がはじけている。町の真ん中に川が流れ、夜は若者がそこに集まって車座になり、語り、歌う。若い時に一番大切なことがきちんと行われている。京都のよさはこれだ。京都は学生に寛大で大切にする町だ。東京ならば通報されて警官が来る。

仲間に入りたくなった私は橋を下り、離れて腰をおろした。すぐ前は暗く、川の瀬音が高い。流れゆく水は自分を見つめる気持ちをおこさせる、それが若い人を集める。目は川から星空にうつり、手を枕《まくら》に横になった。夜の大気が首に忍び寄る。嬌声《きょうせい》のあがる方を見ると女性が酔って手を上に踊っている。

このままでは眠ってしまう。起き上がり、流れに沿って暗い川辺を歩くと、どこからか梔子《くちなし》の甘い匂《にお》いがしてきた。

「イノダコーヒ三条支店」５００円
「まるき」６６０円
「赤垣屋」４３００円
「蛸八」４４００円
「バー・スタンド」２６００円

3日目　きざみきつねと乙女喫茶

京都三日目となった。朝起きてホテルの窓から見下ろすお墓も、隣同士で眠っていたような安心感がわきはじめる。子供の頃はもちろんお墓は怖いところだったが、この頃は親しみすら感じるのは、そちらに近い年齢になってきたのだと苦笑い。

ホテルフジタから歩く高瀬川沿いの木屋町通は毎朝の散歩道だ。幅四メートルほどの高瀬川は慶長《けいちょう》十九年（一六一四）、角倉了以《すみのくらりょうい》が二条から伏見までおよそ十キロを開鑿《かいさく》した運河で、薪炭《しんたん》、酒醤油《しょうゆ》、米塩などを運んだ。途中九つの舟出入り口「舟入《ふないり》」が設けられ、上流の「一之舟入」には碑が残る。両岸は取引商品から塩屋町、米屋町、石屋町などの町名となり、最盛期は一日百七十隻《せき》が往来した。人工運河は川底が浅く、専用の平底舟は高瀬舟と呼ばれ、森鷗外《おうがい》の小説題名にもなった。

川岸は柳や梔子《くちなし》の緑が美しく、野鴨《のがも》も人を恐れない。朝早くゴム長で川に入りゴミや枝葉を拾う人がいる。普通のズボンに上品なグレーのカーディガン、銀髪おだやかな目がねの紳士はこの川をきれいに保ちたい一般の人のようだ。そういえばここにビニール袋や空ペットボトルなどが浮くのを見たことがなく、仮にあれば、目前に見つけた家の人はすぐに拾うのだろう。今や季節と咲き誇る梔子に、「手折らないで」と小さな札がつくのも、誰かがこれを大切にしている証《あかし》だ。

少し先の元・立誠小学校は高瀬川の橋がそのまま玄関になり、川を渡って登校するのは気持ちが改まってよかっただろう。アーチ型玄関右に鍬《くわ》をかついだ角倉了以翁《おう》顕彰碑が建ち、卒業生は全員この人を学んでいるにちがいない。水平を強調したクラシックな三階建て小学校はユーゲントシュティール（ドイツのアールヌーヴォー）を思わせ、昔の人の学校に寄せる期待が感じられる。今は生徒のいない教育施設だが以前ここで京都の美術系大学が集まった展示があり、中を見られるチャンスだった。木造を残した古い廊下や教室に展示された美術学生の作品に学校がよみがえったようだった。

三条通の小さな交差点の左は昨夜河原で学生が宴会をしていた鴨川・三条大橋。右の高瀬川・三条小橋には「佐久間象山《しようざん》先生遭難之《の》碑／大村益次郎《ますじろう》卿遭難之碑」が建つ。三条通を渡った最初の大黒橋を右に入ると、幕末に坂本龍馬《りようま》が海援隊本部を置き二階に寝泊まりした材木商・酢屋だ。今も続く店の前に「坂本龍馬寓居之趾《ぐうきょのあと》」の碑が建つ。新撰組《しんせんぐみ》が襲撃したすぐ近くの池田屋跡には「池田屋騒動之址《あと》」、やや離れた醬油屋・近江屋《おうみや》跡に「坂本龍馬　中岡慎太郎遭難之地」。「後藤象二郎寓居跡」「古高俊《ふるたかしゅん》太郎《たろう》邸址」「本間精一郎遭難之地」など高瀬川沿いのいたるところに残る史碑は、木屋町が勤王佐幕入り乱れる幕末の中心であった事を生々しく伝える。

高瀬川のいくつもの小橋、大黒橋、南大黒橋、材木橋、山崎橋、車屋橋、そして南車屋橋に来ると(と言ってもこの間一〇〇メートルか)、橋のたもとの正面に「麺房《めんぼう》美よし」がある。ひなびた一軒屋の構えにひかれて初めて入ったのはもうだいぶ前だ。古びた店内は昔ながらの小さなうどん屋さんだ。積み重ねた古週刊誌、無造作に貼《は》ったビール会社の宣伝ビラは気取りがない。台所には背を丸めた老主人、店番はお婆《ばあ》さん一人。何にしようかな、やっぱりいつものでいいや。

「きざみきつねと、かやくご飯小」

「おおきに」

お婆さんはお茶を置いてゆっくり戻り、奥に注文を伝え、腰をおろして小さなテレビを見る。映っているのは「笑っていいとも!」。テレビを全く見ない私だが、全国のいろんな地でこの昼の番組を見ているのは旅先でこの時間はだいたいそば屋か食堂

先斗町 朋佳
先斗町 市穂
先斗町 久乃
先斗町 久加代
先斗町 市笑
先斗町 久蝶
先斗町 光菜
先斗町 市楽
先斗町 もみ寿
先斗町 朋ゆき
かやくご飯

にいるわけだ。ここでも何度も見た。今日のゲストは大物・北大路欣也《きんや》。ぼんやり見ているると注文が届いた。

スー……。

おつゆがおいしい。うどんの合間に箸《はし》をのばす、細かく刻んだ油揚げ・えのき茸《だけ》・人参《にんじん》を入れて出汁《だし》で炊《た》いたかやくごはんがまた日常のさりげないおいしさで、これも東京にはない。歩いてここに入り、テレビを見ながら沢庵《たくわん》二切れをおかずにのんびりとこれを食べていると、本当に日常の京都にいる気がする。

さりげない町のうどん屋といえども、舟天井、曲げ木に網代《あじろ》を張った仕切り、角のすり減った厚い一枚板の机と腰掛など古風な粋《いき》がある。壁には京都おなじみの朱筆で舞妓名を書いた団扇《うちわ》が一面に飾られ、ここのはすべて隣の先斗町《ぽんとちょう》だ。

市笑・市穂・市楽・市喜・市福・市うめ・市乃・市光・市若・市菊・市さよ・市真芽、以上は「市系」。久乃・久蝶・久加代・久丸・久富美、これは「久系」。豆千代・豆幸は「豆系」、もみ蝶・もみ幸・もみ乃・もみ福、と「もみ系」もある。実際「○系」と言うかは知らないが、これぞ京都のインテリアアクセサリー。

額装の「創業昭和元年の当店」は、雪の日に高瀬川から南車屋橋越しにこの店を見た風景画だ。店前に婦人、遠くに舞妓《まいこ》二人がともに傘をさして、積もった雪に点々と下駄の歯跡を残す情景は、しんしんと静かな古き京の冬を描いて見飽きない。「まいどおおきに」勘定を済ませ外に出て、その絵を描いた位置に立った。高瀬川に面して開けた台所勝手口に野鴨《のがも》が二羽上がりこみ、何かもらって食べている。通りがかりの人が「また来とるわ」と話して行き、いつものことのようでこれもよい眺めだった。

そのままホテルに戻り少し仕事をした。今回はじめてパソコンを旅に持ち出したが、機械音痴で不安だったわりにはつながりメールも入ってくる。せっかく京都に来て観光もせず、たいして重要でもない仕事をするのは、これはこれで自己満足と気分転換になる。京都に家を借りてもやってけるかな、そんなことないか。

初めての店

夕方シャワーを浴びて新しいシャツに袖《そで》を通した。今日は初めての店だ。四条大橋たもと南座前の交番を上る祇園縄手通、白川を渡った左のビル二階「たまりや」。場所はわかったが開店には早く、近所を歩いてみよう。

幅四メートルほどの清流白川に沿う白川南通は最も京都らしい情緒から、映画などで「舞台は変わって京都」のファーストカットに昔から何度も使われ、岡田茉莉子《まりこ》も山本富士子も森雅之《まさゆき》もここに立った。切石の石畳、小橋「巽橋《たつみばし》」や料亭黒塀、柳の緑が絵になる。しもた屋に上品な白暖簾《のれん》、石畳に打ち水した「鳥新」「とり安」はどちらも入ってみたい。

あたりを華やかに艶《つや》っぽくしているのは、三差路角の辰巳《たつみ》大明神祠や生垣周りにずらりとならぶ名入りの朱塗り柵《さく》だ。寿満子・真知子・野崎三千鶴・川口豆涼・井上だん栄・しま原如月太夫・割烹《かっぽう》いがらし・割烹八寸・祇園川口・祇園かね松・祇をん松乃・茶房こゆき・料理旅館白梅、などは花街祇園らしく、紙おしろい祇園屋・アケボノ美容室・ぎをんアサヒ薬局・さのや電気株式会社・田中塗装看板・京都花街国民健康保険組合、あたりは生活の町でもあるとわからせる。

巽橋からすぐ横の流れに青鷺《あおさぎ》が一羽ツンと立って身じろぎもしない。しばらく見ていると細く曲がった首をひょいとひねり向き、またその姿勢を保つ。町の真ん中の流れに鷺がいるとはさすが京都だ。飛び立ったら自分もここを去ろうと見ていたが、根競べに負けた。

「いらっしゃいませ」

朱色着物に丸顔の「たまりや」若おかみが迎えた。私は開店六時に最初の客で長いカウンターの中ほどに座った。カウンター端から奥は畳席になり大きなガラス越しに鴨川が広々として、これはよい眺めだ。外はまだ明るいが、日暮れて川向こうに連なる料亭や川床に灯りがともれば京都らしい夜景になるだろう。

そんなことを言うとにっこりした。初めての店は黙ってないで何か話せば、互いに安心する。若おかみは大津の醤油店「玉利商店」の方で「たまりや」としたそうだ。

「醤油はタマリを使うんですか?」

「はい、玉利商店製ですが普通の醤油です」

タマリ醤油と玉利商店をひっかけた質問でわざとややこしくさせ、互いに笑った。

さてと。まずは造りを注文、酒は「奥播磨《おくはりま》純米吟醸」にした。とりあえずのあてにとったおばんざい三点盛りは〈水菜《みずな》と揚げともやしの炊いたん・鶏肝煮・煮干し入り切干し大根〉だ。

長大なカウンターの付け台は朱塗りが鮮やかだ。若おかみの話では、ここは居抜きの「出世店」で、最初の寿司店(朱塗り付け台はその時のもの)は今は近くの一等地・白川に出世、次に入った割烹はその後祇園の一軒家に出世、たまりやは三番目に入った。

「へー、出世したらどこに移りますか?」

「そんな余裕あらしまへん、今で精いっぱいどすわ」

柔らかな笑顔の接客は出世することだろう。

「お待ち」

造りができあがった。白角皿に〈鯛《たい》・めじまぐろ・かんぱち・うに・蛸《たこ》・さざえ〉が緑の大葉と青もみじを散らして涼しげなしつらえだ。ここに来たばかりという目がねの若い板前は張りきっている。

「新しい店に移ると、まず何をするの？」

「道具の点検、火まわり、火力、水まわり、ですか」

なるほどな。板前は包丁と下駄は自前という。包丁は二十振くらい持っているが店には「えーと、七振かな」持ってきているそうだ。

酒を滋賀の「萩乃露《はぎのつゆ》」に変えて届いた〈琵琶湖《びわこ》の小鮎《こあゆ》塩焼〉はトマトワイン煮が添えられ、重なる小二尾は塩加減・香味ともによく自家製蓼酢《たでず》に浸すと野趣が増す。ではもうひとつ仕事をしてもらおう。京都料理人必須の基本と言われる〈だし巻〉だ。

京都に来るようになってだし巻を知った。関東の玉子焼は醤油に砂糖を足し、私見では玉子はあまり混ぜきらず白身のまだらを少し残して「焼く」。四角い銅の玉子焼き器に流した玉子液が焼けると奥に巻き、やや焦《こ》げ目をつけて表面は堅く中は柔らかく、全体ではみっしりと厚い。味は醤油ぽく甘く、焦げ風味がアクセントでお弁当のおかずに向く。刻み葱《ねぎ》を入れると大人向けで、何でも醬油と砂糖と葱でちゃちゃっと手早く煮炊きする東京のものだ。

関西のだし巻は、よく攪拌《かくはん》した玉子液に出汁をたっぷり含ませ、焼くというより温めて「固める」だけ。薄く流した玉子液を手前に巻き寄せ、巻き終えたのを奥にやって手前に新たに玉子液を流し、これをくり返して層状にまとめる。焦がすのは絶対厳禁で何も入らないプレーンを最上とし、均質で軽いふんわり感が大切だ。醬油は一滴も使わず、関東人にはそれがもの足りなく醬油を少しまわして食べる人もいる。

巻き方が関東は奥方向、関西は手前方向と逆なのがおもしろい。全国を渡り歩いているある調理人が京都の調理師組合に斡旋《あっせん》を求めに行くと「玉子焼きはどっちから巻きまっか？」と訊《き》かれたと話をしていた。

さて。若い調理人はガス火にのせた玉子焼き器を頰にかざして温度を確かめると油布で拭《ふ》き、静かに玉子液を流し込み、手前に巻いて奥へやり、をくり返した。汁気を充分にたたえてゆるくまとまっただし巻きを箸で持ち上げるとほわりと湯気が上る。

「だし巻の難しいのはどこ？」

「出汁と玉子の量の加減ですね、入れ過ぎると固まらない、足りないと味がない。あとは手振りの練習です」

客と板前が話すのを若おかみが遠くからにこにこ見ている。最後にもうひとつ大物を。

「鯛かぶと」

「はい」

返事が力強い。かぶと焼きは焼くだけにみえて注意力が必要だ。ゆっくり待つ間に冷酒を重ね、やがて届いた頭半身はかなり大きい。「ようし」焼魚煮魚をきれいに食べるのは母に言われたお行儀だ。しばし専念の十五分。皿に大きな「鯛の鯛（鯛の形をした胸ヒレの骨）」を残すと、にっこり笑った板前はそれをきれいに洗ってくれ、「こういうのもあるんですよ」とカモメ形の骨も見せた。鯛の鯛はティッシュで包んでもらい、記念にいただきました。

夜の喫茶室

外の陽は落ちたが、まだ七時をまわったばかりだ。居酒屋に二軒続けて入るのも曲がなく（昨日はそうだったが）、さてと思案してコーヒーを飲むことにした。居酒屋はしごの合間のコーヒーは酒で甘くなった口に苦くおいしく、ぼんやり静かに座っていられるのもいい。旅に出た夜は夕方から飲み始めるが、この頃は体がもたず合間にコーヒーブレイク、またはいったんホテルに戻って一時間ほど寝てまたご出勤というパターンも増えた（ご苦労なこってす）。この時はただごろりではなくちゃんとズボンもシャツも脱ぎ、本格的にベッドに入って大の字になる。問題はその後、もういいや、もうこのまま寝てしまおうという誘惑に打ち勝って再び服を着て出て行く気力だが、まあのろのろと起き上がる（ご大儀なこってす）。

四条大橋を西へ渡った左、細い西木屋町通の高瀬川べりは、緑の葉をつやつや光らせた大きな梔子が今を咲き誇るように白い花盛りで、一帯に甘い香りが漂う。その向かいの「フランソア喫茶室」はあたかもイタリア田舎町の古い小さな館、門灯の下がる白壁を青い照明が照らし出してロマンチックだ。このあたりはよく飲みに来ていて一度入ってみたかった。

戸を開けて数歩進み、しばしぼう然と見とれた。受付があって小部屋と広い部屋、奥にも一部屋。広い中央室は木組みの床に真っ赤なビロード貼りの背付き椅子《いす》が整然と並ぶ。どこに座ろうか迷い、部屋全体が見える隅に腰をおろした。壁は白漆喰《しっくい》、天井の大きく深いドームにシャンデリアが下がる。角の丸柱は下半分が緑の石、上はエンタシスにやや膨らませて天井に至り、各部屋の仕切りは尖頭《せんとう》アーチ、下半分の黒いねじり柱はイスラム風だ。ステンドグラス、豪華な百合《ゆり》の花、流れるのはショパンの

「ノクターン」。ヨーロッパへの憧《あこが》れに満ちたここは「乙女の館」だ。

「いらっしゃいませ」

受付室からグレーのワンピースに白襟の制服のウエートレスが出てきて水を置いた。夜の七時過ぎにあまり多くない客はすべて女性で一人も多く、静かに夜コーヒーとケーキ、読書の時間のようだ。私もコーヒーにしたが、メニューはコーヒー、紅茶、お菓子と分かれ「洋酒」としてスタウトビール、ハイボール（バランタイン）、ポルトガルワイン（ルビーポート）、カルバドスブランデー（ブラー）もあるのは立派だ。

ふう、夜のコーヒーがおいしい。それにしてもなんと古風なヨーロッパ趣味だろう。京都にはこういう建物が残り、大きな戦災に遭わないとは、かくも意義深いことか。奥の部屋も見ようと立ってゆくとみごとに乙女ばかりの禁男《きんだん》の園にひるみ、ついでにトイレに寄ったが「男子室」かよく確かめてそっとドアを開けた。

これは後に知ったことだがフランソアは昭和九年開店、現在の建物は昭和十六年の改築。店名はフランスの画家、ジャン・フランソア・ミレーからとった。創業者・立野正一は当時のファッショ政情に抵抗する気概をもった社会主義者で、ここを左翼知識人や芸術家、進歩派学生の語らいの場にしようとした。当時京大に留学していたイタリア人学生に改築設計を依頼し、豪華客船のキャビンをイメージしたバロック風に

なった。メニューの表紙を描いた画家・藤田嗣治《つぐはる》や、作家・太宰治《だざいおさむ》、映画監督・吉村公三郎、新藤兼人《かねと》、京都を訪れた新劇俳優らもよくここに座った。平成十五年に喫茶店として初めて国の登録有形文化財に選定され、学者・鶴見俊輔《つるみしゅんすけ》、芳賀徹《はがとおる》らにより「アミ・デュ・フランソア」なるファンクラブもできた。

私を喜ばせた逸話もある。ジャズとミステリを愛し、快著『三文役者あなあきい伝』をもつ個性派名優・殿山泰司《たいじ》は奥さんがありながら、ここにいた丸顔美人のすうちゃんに惚《ほ》れて二人暮らしを続け、七十三歳ですうちゃんに見守られて息を引き取ったという。時代に抗する精神と芸術を愛する美学、ロマンス。一つの喫茶店にこれだけのものが詰まっていた。

ゆっくり休んで九時をまわり、もう居酒屋でもあるまいとバーに向かった。

意外な人に

バー「酒陶　柳野」は中京区《なかぎょう》三条通新町西入《い》ル。これで分かる人は分かる。横軸の条と縦軸の町名で座標を定める京都の地番はじつに合理的で、タクシーも一発だ。

柳野は翌二時までの深夜バーで旅の者にはありがたいが、暗い通りに玄関灯だけの入口はやや入りにくい雰囲気もある。

「ソルクバーノね」

「かしこまりました」

注文すれば黙っていられるのがバーカウンターのよいところ。男前俳優・内野聖陽《せいよう》に似るバーテンダーはきちんと整髪した髪に黒ジーンズ。オーダーらしい細いストライプのシャツに締め上げた細身のネクタイがぴたりと決まる模範的なシャツルックだ。男はやっぱりシャツだなあ。

「お待たせしました」

ゴクリ、ああうまい。ソルクバーノ（キューバの太陽）は、グレープフルーツジュースとホワイトラム。バーの一杯目はだいたいジントニックだが、夏はやっぱりゴクゴク飲めるこれだ。作者は神戸のバー「サヴォイ北野坂」の木村義久氏で、一九八〇年・第一回サントリー・トロピカル・カクテルコンテストで優勝した作品だ。オリジナルは大きなゴブレット（脚つきのチューリップ型グラス）に、グレープフルーツのスライスで蓋《ふた》をして真ん中にストローを挿すトロピカルな演出をしているが、それなしの普通のタンブラーで普及したのはカクテル自体に普遍的な実力があったからだ。てなことを思いだしたがもちろん口には出さない。たちまち飲み干してもう一杯。

「モヒート」

「かしこまりました」

ラムとライムジュースに砂糖とミントをきかせたモヒートもまた、近年ヒットした夏のカクテルだ。

座ると箸置きに箸が置かれる。酒のメニューはなく、肴《さかな》だけの品書きが小さな白箋《はくせん》紙《し》に上品な手書き。淡路鯛、焼なす煮びたし、小鮎塩焼、ラタトゥイユ、たこガスパチョ、天ぷら、レバーペースト、オイルサーデンなどいろいろに、丼、ごはん、おにぎり、みそ汁もあるが、モダンな店内からはそういうものを出す雰囲気は全くうかがえない。

京都三日目でやや疲れた体に酢の物がほしい。小鉢の〈たこトマト酢〉は、たこ酢につきものの胡瓜《きゅうり》をミニトマトに変えてバジルをあしらってじつにおいしく、願ったりだ。奥から運んできた小さな丸目がねの女性は、縞柄《しまがら》シャツの丸襟と袖カフスだけが白無地のやや硬い感じのメイド風支度がいい。

店内は白木と土壁のみで統一されている。硬いブビンガ材カウンターの正面は土壁の真ん中の花挿しに野花が一輪あるだけで、バーにつきもののならべた洋酒瓶もシェイカーも何もない。すべての直角を正確に合わせた空間はシンプルに引き締まり、背の壁は本物の赤い焼煉瓦《やきれんが》を積む。

これは現代の茶室だ。最小限の要素で世界を示す表現を美術用語でミニマリズムと言う。ここのオーナー柳野さんは「古美術佃《つくだ》」の佃氏によりミニマリズム世界観を知り、佃氏の指導のもとに若い建築家・木島徹《きじまてつ》氏を紹介されてここの設計を依頼した。河原町三条の「直珈琲」、高倉四条の居酒屋「たかはし」も木島氏の設計で、私は京都在住の美人編集者にそういうことを教わった。浅い背のある白木の椅子、真っ赤なおしぼりを置く白木板など、美学の統一は寸分の隙《すき》もない。奥の一室は会議室風テーブルのグループ席で本格名機のレコードプレーヤー、アンプ類が置かれ、さらに奥は京都らしい坪庭が緑いっぱいにしつらえられる。

三杯目は落ちついてウイスキーにしよう。ウイスキー「デュワーズ」ハイボールの優雅にふくらんだグラスの装飾カットがきれいだ。そろそろ話をするか。

「いいグラスですね」

「四〇~五〇年代のチェコのものです。うちにある中では、そう古いものではないです」

ここは編集者に連れられて来たのが最初だが、憶《おぼ》えているかな。

「ぼくはここに来るのは確か三度目です」

「太田さんですね」

なんだ知ってた。三十分も居るのに見知っていても声をかけないのが京都流かもしれなく、ぼおっとしたかった自分にはよかった。彼は相棒の上田さんで、オーナーの柳野さんは今日は休みとか。

しかしモダン茶室のようなバーだから客は静かにしているかというと、その雰囲気をわざと無視するように、カウンター奥の地元らしき三人組が京言葉で声高に議論しているのもまた京都流かもしれない。作務衣《さむえ》に剃《そ》った頭の坊さんのような人を中に、もじゃもじゃ頭の芸術家風の男、その連れらしい美人女性で、議論の中身はずばり芸術論だ。

「そら違うわ、その見方は表だけや」

「表だけでなにがいかん、表で見せるのが仕事やないか」

「裏言うんと違う、二面や、二面があって」

抽象論を繰り出し互いに一歩も引かないが、論を楽しんでいる風にも見える。文化高いというか熱心なことだ。奥のトイレに立ち、用を済ませて出るとくだんの美人女性がそこにいて、これは待たせたかと「お先に失礼」と言うと、「太田さんですね」とにこやかに声をかけてきた。

「は、？？　……えーと」

「昨日、イノダコーヒでお見かけしました」

「は、？」

「カウンターで新聞読んでらっしゃいましたね、私はその奥に」

「……あ、あの、短パンの男の方と」

「そうです」

思い出した、短パンゾーリ男にふさわしくない清楚《せいそ》な白ブラウスの美人で、じろじろ見つめてしまった人だ。これはイカン。

「あ、どうも失礼しました」

昨日と違うあでやかな夜の服装で気がつかなかった。それにしてもどうして私の名を。さっきのバーテンダーとの会話が耳に入ったのか。

「太田さんの御本、読んでます」

「あ、それはどうも」

出版関係の仕事をされているそうだが、トイレ出ばなの急襲にどぎまぎするばかりだ。いつまでもこんな所で立ち話はと苦笑いして席にもどると皆に紹介された。

芸術家風の男性（今日は短パンではない）は大阪の方、作務衣の方はなんと「古美術佃」の佃達雄《たつお》氏で「京都文化のいろいろ仕掛け人」と紹介され、佃さんには「あんたの本、買いましたよ、いちどうちの店のぞいてんか」と言われて名刺をいただき恐縮する。美人からご一緒にいかがですかと誘われたが遠慮して自席にもどった。

それにしても、昨日の朝喫茶店で見かけた人と今日の夜はバーで話し、そのバーに謂《いわ》れのある人がそこに居るのは京都の人間関係の濃さか？

金線入りのリキュールグラスに注がれたギムレットをゆっくり飲み終えて、皆さんに「お先に」と挨拶《あいさつ》して、長かった夜は終わりになった。

「麺房美よし」800円
「たまりや」7710円
「フランソア喫茶室」550円
「酒陶　柳野」3850円

4日目　きずしとレッドアイ

目がさめると外は雨だ。「雨か」意味のないつぶやきが出る。人影のない墓地がしっとりと濡《ぬ》れている。雨の墓もよいものだ。京都に来て四日目。出歩く意欲も一段落した。雨でもあるし少しゆっくりしよう。

ホテルの傘を借りてコーヒーを飲みに出た。雨だから近いところにしよう。ホテルフジタから歩いて五分、寺町二条の「エイト珈琲《コーヒー》店」は朝八時からやっている。町の小さなコーヒー店の二階いっぱいに貼《は》りつけた大きな切り文字ロゴ「Eight」がすてきだ。昨夜のフランソアは登録有形文化財だが、そこまでゆかなくても京都は町角のコーヒー店がとても多く、スターバックスやタリーズのような大型外資チェーンの進出どこ吹く風と、昔のまま続いているのがいい。

濡れた傘を外に置き、入口で新聞をとって奥の席へ。雨の朝九時の客は仕事前らしき中年男ばかり。自転車で来てゴムカッパを外で脱いで入ってきた人はゴム長ばきで、いつもの席で仕事前のコーヒーというところだろう。こちらは仕事前ではないが、そういう中に一人まじるのは悪くない。

早朝の店は主人一人。玉子の焼けるいい匂《にお》いがしてきた。当店のモーニングセットサンドイッチは野菜たっぷりでおいしいと聞いて頼んだが、そのつど玉子を焼くとは丁寧だ。やがて届いた野菜サンドのボリュームよ！　すべて無農薬というレタス、玉ねぎ、人参、トマトなどどっさりにマヨネーズと黒胡椒《こしょう》を振り、パンは溢《あふ》れる量をはさみきれず、さらにバナナ、リンゴ、ゆで玉子半分も添えられる。精いっぱい大きな口を開けてかぶりつくと、焼き立て玉子焼きが温かく、さあたくさん食べなさいというビッグママの味だ。たっぷりなだけにその意気に応《こた》え、残してはいけない。きれいに片づけて手をはたくと満腹になった。

ほどよく雑然とした店内からガラス越しに眺める瓦屋根《かわらやね》千本格子《ごうし》の町家が雨に濡れる風景がいい。こちらの玄関テント地ひさしから漏れ落ちる滴《しずく》がキラキラと光る。これもなんでもない京都の日常の光景と思うと、東京から来てこんなことをしている満足がある。「京都新聞」朝刊投書欄「窓」に「温かさ感じる京の生活／主婦（27）」としてこんなことが載っている。
〈四月に東北から越してきました。言葉も文化も違う地でなじめるか不安でしたが、二ヶ月たち、温かい気持ちになることが多いです。タクシー運転手さんは親切で名ガイド。バスをおりるとき、買物のときの「おおきに」の言葉は愛情表現のようです。京都の人は土地に誇りをもち、愛している気持ちがすばらしい。京都には「ほっこり」の気持ちがあふれていると日々感じています。〉

私も同じ気持ちだ。東北から来た二十七歳の若い主婦が京都をよい所と感じ始めている初々《ういうい》しさがいい。

京都人はよその人に冷たいと言われるがそんなことはない。京都を好きという心が表れれば好意的になる。逆に京都人はよその地には全く関心がなく、東京では、九州では、などと話し始めると馬耳東風「はあ、そうどすか」でお終《しま》いだ。京都に来たら京都の話だけしていればよい。

一方、京都人は「いけず＝陰で意地悪をする」とも言うが、そういう目にあったことはなく、あっても鈍感で気付いていないのかもしれない。でもそれでいい。またある人から「京都人は、いいお客さんでいるうちは大事にしてくれるけれど、中に入り過ぎると拒絶される。よい面だけでつき合うのが大切」とも聞き、その通りだと思った。旅行者だからつき合いはうわべでよい。うわべのきれい事だけで済ませられるから互いに気楽で楽しいのだ。

千年の都・京都の歴史は、闖入者《ちんにゅうしゃ》(ときには野心ある)への対応の歴史で、そのためによそ者への一見やわらかい、しかし明確に一線を引く姿勢、「来てくれなくても困るが、住まれたらなお困る」という姿勢ができたと言われる。住人には旅行者は闖入者、闖入者は分をわきまえることだ。それでは深い所までわからない、本当の京都はわからない、と言われるかもしれないが、「深い所や本当の京都」を知ろうとは特に思わず、うわべのつき合いで気分よく飲んでいたい。

京都に限らず、酒場は表面的なつき合いのできるところがよいと思っている。表面的だからよいところだけ見せ、きれいごとに終始する。居酒屋やバーのカウンターが好きなのは主人と客という関係が厳然とあるからで、カウンターから出て隣に座られたりすると居心地が悪くなる。個人的な友達ではなく「主人と客(それは対等だが)」の関係でいたい。きれいごとでいい、というか、きれいごとを守りたい。せめて酒場くらいはその世界でありたい。

また京都でいちばん嫌われるのは「竹を割ったような人」と聞き、目からウロコが落ちた気がした。「竹を割ったような人」は関東では男の最大の誉め言葉だが、きれ

いに割り切った人はつまらない、どこか秘密や嘘《うそ》があるからその人の魅力があると（「東京新聞」岡井隆氏のコラム「けさのことば」の「秘密」杉山平一より）。これは大人の、フランス人の世界だ。京都はパリなのだ。

雨の日の朝のコーヒーがおいしかった。

二条の通り

ホテルにもどり机のパソコンに向かった。ときどき窓から雨の風景を見る。墓を訪ねる人はなく、黙々と濡れて立つ墓石の列はその下の無言の人々に想《おも》いが至る。

特大サンドイッチでお腹《なか》がふくらんでいるが、昼をとらないわけにもゆかない。雨足も弱く明るくなってきたし、出かけよう。

ホテルフジタからまっすぐ西へ行く二条通は、なじみになったおしゃれな通りだ。ある時アンティークグラスの並ぶ西洋骨董《こっとう》の店に入り、首を伸ばしたブロンズの犬が気に入ったが、小さな値札はかすれて「３０００円」とも読める。この値段なら買いますと言うと、店員の娘さんはどうやらオーナーに「あの上の犬、そうそれ」と電話し「すみません３００００円でした」と申し訳なさそうに言い購入はヤメになったことがあった。まだ残っているかな。

外に置いた鉢植えバナナの葉が異様に大きく育って二階までふさぐ町家改造のインテリアショップがおもしろい。二階に上る気の利《き》いたデザイン小物の店で買ったフックのついた洗濯ばさみは重宝している。よさそうな小体《こてい》な居酒屋、一度入ったレトロモダンな各国小皿料理、近日開店と工事中だった店はうどん居酒屋になっていた。繁華街然とした木屋町、河原町とちがい、町家ばかりがならぶ通りにぽつりぽつりといつしか多くなったインテリア、デザインショップ、個性派居酒屋、レストランは、古い町に生まれた若い新しさがとてもよい。

寺町二条「芸艸堂《うんそうどう》」は創業明治二十四年の日本唯一《ゆいいつ》の手摺《てずり》木版和装本の出版社で、多色刷り木版の温かみのある美しさを楽しめる。錫《すず》器の「清課堂」、モダンな家具工房、伊万里《いまり》焼を売る和風喫茶も入ってみたい。二条は文化度の高い通りだ。東京にはこういう通りがない。

また京都は自転車の町で、町角のあちこちにある昔ながらの自転車屋が商売として成立していることからもそれがわかる。若い学生が空気ポンプを借りて押している。会社事務服の女性が自転車で行くのは普通の光景だ。

昼はにしんそばにしよう。白暖簾《のれん》に「創業寛正《かんしょう》六年御用蕎麦司《そばつかさ》」とある車屋町通の「本家尾張屋」は、立派な構えの門から石畳で玄関に至る、そば屋とは思えない堂々たる二階家だ。檜皮《ひわだ》貼りの壁が緑豊かな大樹に映え、黒豆石洗い出しの玄関には半纏《はんてん》の下足番がいる。創業寛正六年（一四六五）は応仁の乱の二年前。始めは菓子司でそばに変え、江戸期は御所御用にあずかったという。玄関は昼どきで数人が待ち、タクシー運転手に連れられた修学旅行生男女四人もいる。一人の私は白衣の案内係にお先に二階へ案内された。他にもいくつも部屋があるらしい大店《おおだな》だが、腰をおろした窓際《まどぎわ》は下の玄関庭が見えて具合がいい。

「御志ながき」をじっくり眺めた。丼《どんぶり》ものもたくさんあり、京都にしかない丼をこの際確かめてみようとお運びのお姉さんに尋ねた。

「衣笠丼《きぬがさどん》て何ですか？」

「きざみきつねの卵とじ丼で衣笠山から名がつきました」

よどみない答えは観光客の質問が多いのだろう。ここにないものもあるが京都ローカル丼を整理すると、

衣笠丼＝きざみきつねの玉子とじ
木の葉丼＝細切り蒲鉾《かまぼこ》の玉子とじ
他人丼＝豚肉の玉子とじ
若竹丼＝筍《たけのこ》の玉子とじ

ハイカラ丼＝天かすの玉子とじ
きつね丼＝揚げと九条葱《ねぎ》のご飯かけ
芋かけ丼＝とろろと玉子のご飯かけ

ついでに書けば、泥鰌《どじょう》を玉子でとじたものを舞子丼と言い（要するに柳川鍋《やながわなべ》の丼）京都風のネーミングだが関東のもので、京都の人は泥鰌などという下品なものは食べない。――と一人合点していたところ、祇園の老舗《しにせ》で鰻蒲焼《うなぎかばやき》に錦糸《きんし》玉子と海苔《のり》をあしらった〈まいこ丼〉を出すと知った。こちらは品がよさそうだ。

さて七味と山椒《さんしょう》の竹筒を添えた黒盆で名代にしんそばが届いた。熱々のかけそばに身欠きにしん煮半身を沈め、そばを半掛けして青葱をあしらう。まずおつゆを、スー……。

甘からず、辛からず、旨味《うまみ》つよいおつゆは、早くもにしんの味が染《し》み出し、すすりあげるそばの香りとあいまって、これはやはり工夫された食べ方だ。海のない京都は、海老芋《えびいも》とタラの乾物棒鱈《ぼうだら》の煮物〈いもぼう〉や、腐りの早い若狭の鯖《さば》をひと塩して鯖街道を運んだ鯖寿司《さばずし》、食べにくい鱧《はも》を丁寧に仕事した鱧料理など、食の工夫を重ねて名物にした。奥の二人が食べている鱧天せいろは豪華だ。尾張屋のにしん蕎麦は本家らしいおだやかな風格があった。

ホテルに戻る前に途中の高倉二条のブックカフェ「月と六ペンス」に寄っていこう。築三十年という古ビルの石階段を上った二階で、入口は無愛想な鉄の事務所扉のままだ。「やや入りにくい店にする」ことで店の雰囲気を守る京都の伝統かもしれない。粗く吹きつけたコンクリート天井に配管が走り、床は節目の板貼り。事務所だったであろう室内中央にハイカウンターを四角に囲んで置き、中にもの静かな青年が立つ。

客席のメインは三方の壁につけたカウンターテーブルだ。客はマスターに背を向けて木の背付き椅子《いす》に座り、一人静かに本を開く。ところどころにさりげなく並べた本はカバーをはずした文庫主体と地味で、派手な単行本は少ない。昔の布巻コードで天井から下げたソケットの裸電球、古材の多用、粗塗りした白壁など渋い好みの設計は静かな居心地をつくる。外に向くガラス窓を市松に仕切りそこにも本を置くが、書店や図書館のようにぎっしり詰めないのがいい。音楽はないと思ったが、かすかにピアノの練習曲らしきが隣の家の音のように聞こえる。トーストの焼けるいい匂いがして、窓辺で本を開く女性にあたる光がきれいだ。フェルメールのような世界だな。

大きなカップの濃いコーヒーがおいしい。ならべ置かれた「京都みなみ会館」の上映プログラム「市川雷蔵《らいぞう》映画祭2010」に見入った。『妖僧』『かげろう侍』『歌行燈《あんどん》』などニュープリントが多いのは感心で、「美術監督・西岡善信米寿記念」の五本立てもよいことをしてくれる。『てんやわんや次郎長道中』上映後の出演・真城千都《まきちと》世《せ》さんのトークは貴重だ。

映画もいいかなあ。実際、三条高倉「京都文化博物館」のフィルムシアターは京都フィルムライブラリーの充実した上映企画が毎回楽しみで、必ず寄って何をやっているか確かめているし、上映を見たこともある。京都は日本映画発祥の地。日本映画の父・マキノ省三や山中貞雄《さだお》、溝口《みぞぐち》健二らの墓もいずれ詣《もう》でるつもりだ。

「コーヒーおいしかったです」

出がけに声をかけた。若いマスター柴垣さんは小型ルノーでサンドイッチの移動販売をして店の資金をつくり、イノダコーヒ三条店の円形カウンターの中が仕事がしやすいと感じていてこの四角囲いカウンターにした。ただし客席は外向きにした。「僕の顔見てるよりはいいでしょう」とさわやかに笑う。次回はバゲットサンドいただきます。

先斗町《ぽんとちよう》で一杯

京都にはなじみの店もできたが、先斗町の「ますだ」はやはり別格だ。

中ほど十五番ろーじ（隣の十六番ろーじは二日前に入ったバー「スタンド」がある）の角、

黒柱と紅殻《べんがら》壁の引戸をあけた小ぶりの店内は、八人ほどのカウンターに大皿おばんざいがいくつもならぶ典型的なおばんざい居酒屋だ。黒豆石洗い出し床、網代《あじろ》と葭簀《よしず》に丸竹押し縁の天井、そこにはさんだ長刀鉾《なぎなたぼこ》の飾り粽《ちまき》、飴色《あめいろ》の天井など年期の入った雰囲気がいい。私は二十年以上前、京都では知られた店くらいの気持ちで入り、しだいにこの店の重みを知り、今では入洛《にゅうらく》して寄らないことはなく二度入るときもある。壁棚に置いた焼物の古狸《ふるだぬき》も顔なじみだ。

「こんちは」

「おいでやす」

おしぼりを手渡すいつも愛想のよいおかみは今日は浴衣《ゆかた》だ。白衣の主人はあまりしゃべらなく、言う時もぼそりだ。

「今回は何ですか？」

「まあね、ますだに来たくてね」

「そうですか」

お世辞のつもりで言ったがそれだけだ。でもそれでいい。十年ぶりに来たわけではなし、顔なじみとはそういうことだ。

ガラス鉢のひんやりしたお通し〈鯛《たい》そうめんと玉子豆腐〉がおいしい。カウンター

のおばんざいはおよそ十五種くらいで、私がよく頼むのはきずし、おから、にしん茄《な》子《す》煮あたり。タクアン古漬を煮た〈沢庵大名炊《だ》き〉は始末のよい（食べ物を無駄にしない）おばんざいの典型でとてもおいしい。時季の造り、焼魚などもある。まずは〈きずし〉。

きずしこそは関東にはない、関西を代表する「あて＝肴《さかな》」だ。関東では〆鯖《しめさば》、関西ではきずし。どちらも足のはやい（腐れがはやい）鯖を酢で〆るのは同じだが、できるだけ刺身らしさを残そうと酢洗い程度で身をきりりと残す関東と、甘い二杯酢でしんなりと料理にする関西ではべつのものの気がする。ますだは二杯酢針生姜《はりしようが》を添えて出し、一緒に食べるとまたいいですよとすすめる。関東に比べ関西は酢の使い方が格段に豊かだ。

カウンターにでんと置いた蛸《たこ》の足がうまそうだ。

「蛸ね」

「山葵《わさび》、酢う、塩、どれしましょ」

「んーと、塩」

ほんの軽く茹《ゆ》でた蛸に、塩は粉山椒も添えられておいしい。

「鮎《あゆ》、ありますよ」

「おお、それそれ」

小鮎二尾の塩焼きは夏の醍醐味《だいごみ》だ。

通ううちに知ってきたこの店の重みとは常連客の歴史だ。大佛《おさらぎ》次郎、井伏鱒二《いぶせますじ》、谷崎松子、依田義賢《よだよしかた》、桂米朝《べいちょう》、吉行淳之介《よしゆきじゅんのすけ》、サルトル＆ボーヴォワール、ドナルド・キーンなどなど。中でも常連は司馬遼太郎《しばりょうたろう》、奈良本辰也《ならもとたつや》で二人は創業の先代おかみ・増田たかさんの葬儀委員長をつとめた。ある夜の集まりで興がのった司馬は、真っ白な屏風《びょうぶ》に瀬戸内寂聴《じゃくちょう》、梅原猛《たけし》など出席者大勢の名を詠《よ》み込んだ即興詩を筆太に墨書し、奥の座敷にある。

「ますだ」は京都人のみならず、京都を訪ねた学者、作家、芸術家、映画人、芸能人、出版ジャーナリストなどのきらびやかなたまり場となり、訪れた文化人の名は数知れないだろう。接待がらみの高級料亭ではなく、皆さん自前で一杯やりにくる居酒屋であるところがいい。

東京にこういう居酒屋はない。いっとき隆盛を極めたという銀座の文壇バーは一般人の入れる所ではなかった。新宿ゴールデン街は無頼派文化人ご用達《ようたし》だったが排他的空気に満ちていた。東京の文化人はどこで酒を飲んでいるのだろうか。東京はやはりビジネスや仕事の場だ。そこを逃れて京都に来ればおのずと生臭い話よりも文化を語りたくなる。

その場が隔絶されたクラブや料亭ではなく普通の居酒屋であるのは、「京都の町場の空気に浸っていたい」からだ。そういう気持ちをおこさせるのが町の文化だ。よってもってここはそういう文化人サロンの雰囲気は全くなく、会社帰りのサラリーマンやカップル、夫婦や職人とおぼしきも普通に来ているところに大いなる値打ちがある。私は作家や芸術家が通って来る酒場に興味を持つが、政治家や実業成功者、あるいは芸能人などの集まる酒場（あるんですか？）などは願い下げだ。そういうことでうまくいった感性が嫌いなのだろう。

カウンターで飲んでいた外国テレビ局から来たという大男と金髪大柄の北欧系美女は、この店をおおいに気に入ったらしく局のロゴ入り帽子をいくつか置いてゆき、主人と私は顔を見合わせて苦笑した。

「ひとつお持ちにならしまへん？」

「ははは、いらんよ」

まあしばらくここに飾っておきましょと棚にぽんと置いた。カウンター後ろの、餅《もち》搗《つ》き臼《うす》にガラス蓋《ぶた》を置いた二人用特別席に座る年配夫婦は南座の帰りだそうで「よかったなあ」とご機嫌。私も酒がきいてきて、相手はますだ主人夫婦の娘さんと小学校

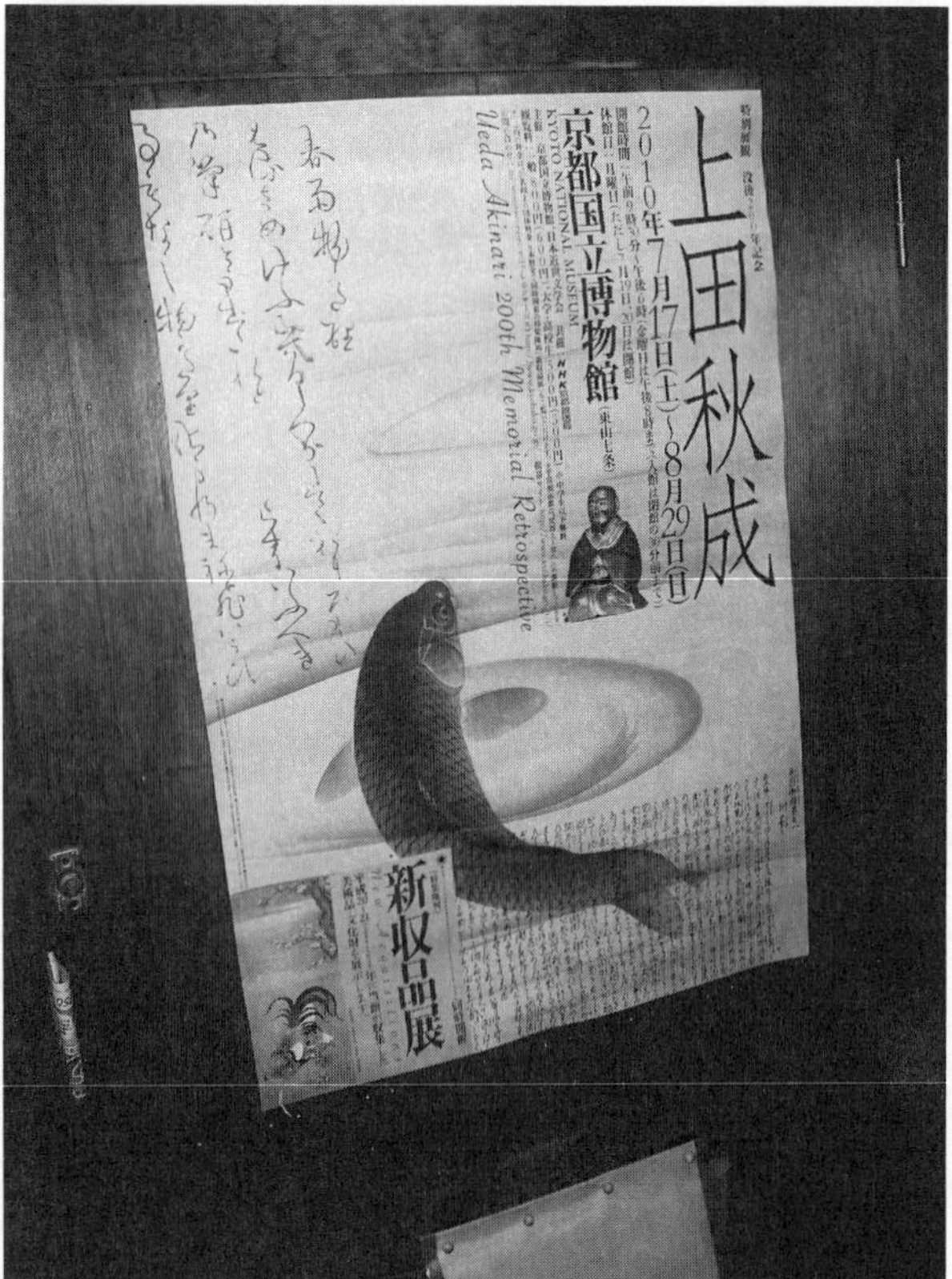
上田秋成
2010年7月17日(土)～8月29日(日)
京都国立博物館
(東山七条)
KYOTO NATIONAL MUSEUM
Ueda Akinari 200th Memorial Retrospective
新収品展

から友達でここを手伝うころころした娘さんだ。いつか酔って「ぼくを知ってる？」と野暮を言うと「知ってますぅ」と笑ってくれた。「知りまへん」とは言わないだろうが笑顔に私は満足した。

ぶらりぶらりと

さあて、今日は昼間ゆっくりしたためか酒が入って調子が出てきた。調子が出たところでコーヒーにしよう。

ひとつ隣の通りにタバーン・シンプソンのある、カトリック河原町教会と京都朝日会館の間のちょっと暗い通りはバール系の店が今とても魅力がある。いつものぞいて楽しそうなイタリアンバール「イル・ランポ」はピザがおいしいという。BGMはユーミン専門の「キャラメルママ」はバーだがカレーも名物。週末はピアノジャズのスペインバル「セサモ」も評判をきく。その中にぽつんと建つモダン和風の一軒家「直珈琲」が行きつけだ。脇《わき》の細路地奥の民家風玄関、藁《わら》切り込み土壁のスタンドバー「文久」は店内照明を極端におとして落ちつく、というか眠くなり、庭のトイレは直珈琲と共同（あまり関係ないですが）。

「こんちは」

「あ、来てはったんですか」

「もう四日もいるよ」

白木カウンター五席、出すものはコーヒーのみ。マスター渡辺さんは若い僧のような青い丸刈り頭にいつも長袖《ながそで》シャツで、首も袖口もきちんと留めたボタンに性格がみえる。コーヒーを淹《い》れるのも集中真剣勝負。このごろ彼の顔がコーヒー豆に見えてきた（失敬）。専門をつきつめると本人がそれに似てくることがある。東京のある名代どぜう屋の主人は顔が泥鰌に、馬肉鍋《なべ》の名代主人も、有名とんかつ屋主人もそれぞれ似ていると気づいた時はこっそり笑った。そんなことは顔に出さず（オホン）、今日はアイスにした夜コーヒーがおいしい。

三和土《たたき》に、直角水平の白木柱、電灯一個を下げ、正面土壁の花挿しに投げ込み野花一輪のみというインテリアは、昨夜のバー「柳野」と同じ木島徹氏の設計だ。渡辺さんは柳野を訪れてミニマリズム美学を知り、木島氏にここの設計を依頼した。

「今日の花は何？」

「ドウダンツツジです」

直珈琲の向かいの「花政」は創業文久元年、すでに百五十年になる花屋とはさすがだが、京都では百年を越えてようやく老舗と言えるとか。このあたりの地主大家さんで、創業年にちなんでバーも「文久」と名付けた。五代目主人は有名な花人という。売れ残り花をいただくこともあり、ありがたいそうだ。

「昨日、柳野で古美術佃の主人に紹介されたよ」

「ああ、会われましたか」

古美術佃は土曜午後一時から六時のみの営業だが、一度行ってみるのを奨《すす》められる。渡辺さんはまだ二十代なのに古美術に興味を持つとは感心なことだ。

昼の「月と六ペンス」も、このコーヒー五席だけの「直珈琲」も、若い人が自分の美学をもって「値段の安い、敷居の高い店」（渡辺さん）を始めているのは京都らしいと感じる。若い店を理解応援する気持ちはあるけれど、東京の新しい店は立ち飲み然《しか》り、昭和レトロ然り「今はこれがアタル」などの流行追随ばかりで、「アタル」とすぐに二号店、三号店と、やっていることは「事業」なのがとても嫌だ。当たらなければすぐやめて他の業態を探し、そこには自分一人の世界で客に対峙《たいじ》する美学、気概のかけらもない。東京には経済はあっても文化はないのだろう。

「こんばんは」

隣に来て座った若い男に声をかけられたが、誰かわからない。

「昨日、柳野で隣にいました」

「あ、そういえば」

佃氏や美人に気をとられていたが、たしかに逆隣に座っていた人だ。その人が話す古美術談義に、私の住んでいた東京麻布十番の地名が出てきて、なんとなく耳をすませたのが気付かれたのかも知れない。彼は古美術商で十〜二十年前の麻布十番は内田という人を中心におもしろい古美術店がたくさん集まっていたのだそうだ。昨夜一緒にいた海坊主《うみぼうず》のような人は恵比寿《えびす》でバーをやっているとか。ひとしきり麻布十番や、よく行く恵比寿の話などして今夜もまた京都で人の縁に出会った。

夜空に月がきれいだ。星も見える。昼の雨が上がって空が澄んでいるのだろう。京都の夜の町を一人でぶらぶらしているのが楽しい。一人だから楽しい。誰かと一緒ならば「次どこに行く」と話さなければならないし、第一おなじ相手ばかりでは飽きるし疲れる。と言って「ここで別れて別行動にしよう」と切り出すのもちょっと。ひとり旅の醍醐味は決まった話し相手がいないところにある。話し相手はこちらで決めてそこに行けばよいのだ。

さて、今ここにいるのなら、やはりひとつ隣の通りの三日前も行ったタバーン・シンプソンだ。渡辺さんは「あそこはオヤジがいっぱい来て、ブイブイやってます」と笑っていた。

ハイカウンターに座ってまずはレッドアイ（ビールとトマトジュースのカクテル）をきゅーっ。お通しの〈サーモンと玉葱のマリネ〉がおいしい。やっぱりこの店はいいなあ。

時間は早いしもう一軒と「祇園サンボア」に。

「おこしやす」

三日前に来てしばらくいますと話したので驚かない。特に話もなく、もう京都に住む人間の気分だ。ウイスキーでジュリー・ロンドンのセクシーな歌声「バイア・コンディオス」に聞き惚《ほ》れる。店の音楽はマスター中川さんの趣味だ。

ふう、今日もよく飲みました。

「エイト珈琲店」　630円
「本家尾張屋」　1050円
「月と六ペンス」　500円
「ますだ」　6500円

「直珈琲」650円
「タバーン・シンプソン」3700円
「祇園サンボア」4295円

5日目　冬瓜《とうがん》とずいきの冷しあんかけとジャックローズ

真っ青な快晴の夏日だ。半袖《はんそで》ポロシャツ一枚、歩くに限る。ホテルを出て高瀬川沿いに、広い御池通の「御池橋」を越し、川の流れを聞きながら桜と柳の緑の下を歩く気持ちよさ。ここを歩いてまた戻るのが京都の習慣になった。

寺町アーケードの「スマート珈琲《コーヒー》店」は昼を過ぎるといつも行列ができている。外に流れるコーヒーの香りのためもあるけれど、コーヒー一杯を行列して待つとは余裕のあることだ。朝八時の開店には遅れたが十時ころはまだ余裕だ。スイス山荘風の落ちついた店内は木の階段で上がる二階もある。ときどきうなりをあげて稼働《かどう》中の入口レジ前大型焙煎機《ばいせんき》が、通りに流れる香りとなる。

新聞をとって注文は〈ホットケーキセット〉。コーヒーカップは向き合う二人のシルエットのイラストマークがチャーミングで販売もされて人気だ。ホットケーキの温かい二段重ねにのせたバターごと十文字にさっくりとナイフを入れ、ミニカップのシロップをかけるとうまそうになった。京都新聞は参院選を分析している。昨日は市内を選挙カーが走っていた。

ぶらりと錦小路《にしきこうじ》「まるき」の開店十二時前に来てしまい、今日も向かいの鶏肉《とりにく》屋「鳥長」のベンチに座り待っていると、玄関戸をあけたおばさんが「もうすこしですからね」と声をかけてくれる。やがて暖簾《のれん》が出て「どうぞ」と呼ばれた。並んでいた二、三人が先に入ったがこちらは余裕でゆっくり入る。

ガイド本を見たらしき観光客も「ここ、ここ」とやっても来るが、まるきは本当の日常のうどん屋で、昼どきを外れた時間も近所の商売人、おじさんおばさんの常連さんが来て、それぞれ、かしわ、ラーメン、もりなどお決まりがあるようだ。一見《いちげん》さんはほとんど親子丼《どん》を頼む。私も今日はそれにしよう〈親子丼・椀《わん》そばつき〉だ。

新聞を広げているとお新香もついて盆で届いた。お椀のかけそばをまずひとくちすすり、青葱《あおねぎ》と山椒《さんしょう》が一振りされ盛大に湯気を上げる親子丼のふるふる玉子に箸《はし》を。あたまらん、もうこれでいいなあ。「もうこれでいい」とは昼飯はこれに尽きるという意味、町角のなんでもない店がじつにおいしい幸福感だ。

気持ちのよい青空のもと、六角堂近くの中古レコード店をのぞいたり、京都文化博物館の映画番組を調べたり、町家のしゃれたイタリアンレストランをこういう所もいいなあ、ここが有名な旅館、柊屋《ひいらぎや》に俵屋《たわらや》かと眺めたりして散歩する。京都市役所の風格ある建物に参院選投票日の看板が上る。手前の広場はかなり広く、日曜市で陶磁器ロイヤルコペンハーゲンのイヤープレートを買ったことがあった。今日は閑散として子供がボール遊びだ。

町中《まちなか》で子供が体を動かして遊ぶのを見るのが好きだ。下校中の子供たちがふざけながら歩いて来るのもいい。小学生くらいは走り回っているが、制服の女子中学生くらいになると夕方の町角にいつまでも立ち話をしている。旅の楽しみは名所旧跡よりも、訪ねた町の日常の光景を眺めることにある。

戻ったホテル横の二条大橋から、女の先生に引率された幼稚園児の一団が鴨川の河原で遊んでいるのが見えた。川に入っている子も大勢いる。近くに下りてカメラを向けるとたちまち数人が「おじさん、何やってるの？」と寄ってきて「撮って撮って」とせがむ。「Vサインはダメ」と注文つけたがなおふざけるところがいい。そのうち先生が「せいれつ！」と声をかけ、リーダーらしい女の子が一本指を高く上げるとすぐに二人ずつ手をつないで一列になった。遠慮して少し離れて見ているうちに土手を上って帰ってゆく。もういちど私を見る子に手を振ると振り返してくれた。

美人おかみ復帰

さあ今夜は「めなみ」だ。ここに入る日を待っていた。京都五日目だからはやく来てもよいのだが、なんだか真打ちは残しておきたかったような。京都一週間の後半はずばり旨《うま》いもの路線でいこう。

木屋町三条小橋、高瀬川を前にした小料理「めなみ」は創業昭和十四年。今の若おかみの祖母・川口なみさんが、女なので「めなみ」と名のって始めた。私は二十年以上前にふらりと入り、カウンター割烹《かっぽう》の堅苦しさのない居心地を気に入り通うようになった。最近改装して、白木の明るい居心地はますますよくなった。

五時に入ろうとすると勝手口から顔見知りの若い白衣板前が出てきて目が合い、「今入る」と玄関を指さす。

「こんばんは」

「おいでやす」

「オ、おかみさん復活!」

「へえ、五月の連休から出とりますぅ」

御料理
めなみ

美人若おかみは二年ほど産休をとり、その間はちょっと淋《さび》しい思いをしていた。いつも着物に古風な長い白割烹着だが今日は洋装だ。「着物も着んとすいまへん」と苦笑されたが、お若い。お若いけれどしっとりした女性の落ち着きも感じられ、やっぱり休み中よりも店はきりりと締まり、店の人も安心感があるようだ。

カウンターに座り改めて板前に目礼。若い彼は板の前に立ち厳しい職人の表情にかわっている。目の前におばんざいの大鉢がずらりとならぶ。今は普通のこの出し方は当店からひろまったそうだ。その器大鉢は祖父の蒐集品《しゅうしゅうひん》で一部は棚に飾られ、器のギャラリーも持ち、店使いの食器酒器も趣味がよい。おばんざいは汲《く》み上げ湯葉、トマトすり流し、万願寺ししとう、伏見《ふしみ》唐辛子じゃこ煮、ゴーヤおひたし、うりの梅和《あ》え、賀茂茄子《かもなす》田楽、ラム山椒焼などなど。

目の前で板前がたたきにする鰹《かつお》を焙《あぶ》り始め、すかさず私にもと注文する。ブリキの一斗缶に藁《わら》を詰めてバーナーで火をつけ、末広に金串《かなぐし》を打った皮つきの鰹サクをかざし、一方で藁をもやもやといじって炎を調節、やがて缶の蓋《ふた》をかぶせたりはずしたり調整し、最後はしばらくかぶせ置いたのは匂《にお》いづけか。焼物の祖型のようなざらりとした土の肌触りの大皿に、葱、茗荷《みょうが》をあしらって盛られた鰹たたきは藁の燃えた日向《ひなた》の匂いがなつかしい。納豆もそうだが藁の匂いこそは日本人のＤＮＡの一部ではないだろうか。

「うまいね」

「藁が手に入らないんですよ」

何年も彼を見ているが大人の男の落ちついた風格がみえてきたようだ。隣に立つ焼方手伝いの若い女性も見覚えがある。

「あなたは何年になるの？」

「二年半です、みんなに迷惑かけています」

女ひとり修業に入った謙虚な言葉がいい。がんばれよ。店は若おかみを中心に接客の若い女性三人と板場はこの二人だ。ながい常連らしい老人客が若おかみの復活を待っていたように声をかけている。開店の五時に入ったが店は混んできた。

「それ何？」

タッパーの汁に浸る太く白い筒状は、加賀胡瓜《きゅうり》の芯《しん》を刳《く》り貫いて鴨《かも》のミンチを詰め、出汁《だし》で炊《た》いて冷やしたものだ。スライスした断面は赤茶の鴨ミンチを白い瓜《うり》が涼しげに巻き、そこに出汁のジュレをかける。ヘチマの香りがするひんやりさっぱりの瓜に山椒をきかせた鴨ミンチはいかにも夏の料理だ。金沢でよく使う金時草《きんじそう》のお浸しも冷たい出汁に浸って、よい所だけ使った葉っぱがぬるしゃきに粘り、精を感じる。夏はこういう冷たくさっぱりしたものがいいが、そこに鴨や野菜の粘りなど栄養補強をしておくのも知恵か。

「いらっしゃいませ」

あらためて挨拶《あいさつ》しながら若おかみが、季節限定「郷乃誉《さとのほまれ》」生酒をいかがと持ってきて、冷たいのをそば猪口《ちょこ》になみなみといただく。

「お子さんは？」

「上は男四歳、下は女、もうすぐ一歳半です」

「お上手ですねー」

「へえ」

二人して笑う。男と女は違いまんなーとしみじみともらし、子供はもう少しするとややこしいこと言い始めるけど今は可愛《かわい》いどす、と目を細める。亡《な》くなった創業のお婆《ばあ》ちゃんは孫の私を背負って店やって、やめるまで七十年かかった。男前が好きやった。ここはお婆ちゃんの城でしたとまたしみじみとする。そういえばと面《おも》をあげた。

「おとついの夜、雷鳴りましたでしょう」

「うん、鳴った鳴った」

私もホテルで雷鳴を聞いた。六月の今日は梅雨の晴れ間だが、この時期は毎日じめじめが続き、七月十六日祇園祭の宵山には必ずザーッと降って、それで梅雨は終わる。翌日の昼の巡行はだいたいどんよりした天気だが、終わった後の八坂はん（八坂神社）の神輿《みこし》三基は、うちも氏子やから必ずこの前を通り、お客はんは知ってはるからみーんな店で待っていて、来ると見に行く。昼間の巡行しか見ないのは勿体《もったい》ないそうだ。

おばんざいから選んだ〈冬瓜とずいきの冷しあんかけ〉は青磁皿に淡緑の冬瓜、淡いアイボリー色のずいき、黄色の針生姜《はりしょうが》をあしらい、全体に茶色の葛《くず》あんをかけ、夏の涼味の演出がすばらしい。冬瓜の軽い苦味、ずいきのエグ味、こういう味がわかるのが大人だ。玲瓏《れいろう》たる艶《つや》をたたえた冷やし鉢を堪能《たんのう》した。

ウインナワルツに酔う

マジックアワー、日没直後の赤い光に染まる高瀬川がきれいだ。歩きたい。今日も梔子《くちなし》の花が匂い、純白が黄色みをおびてきてこの二、三日が盛りだ。よい時に来た。

河原町通四条手前のクラシックな山荘風喫茶店「築地」の外壁下部に貼《は》った、大小・形さまざまなタイルは印象派絵画のようにカラフルで美術焼物のように美しく、気になっていた。今日は入ってみよう。

タイルが続く玄関を入るとスイングドアで、そこから杉綾《すぎあや》に敷いた赤煉瓦《あかれんが》の床はすり減っている。ねじり棒に真っ赤なビロードの椅子《いす》、後ろのガラス戸棚には膨大な箱入りSPレコード全集が大切そうに重ね置かれる。ぎしぎし鳴る階段を上った踊り場には高さおよそ一・五メートルはある振り子時計が据えられ、直径三十センチほどの真鍮《しんちゆう》円盤が悠々と左右に揺れる。文字板には「J.COLOMB & Co YOKOHAMA」。時間は正確だ。

二階は天井にシャンデリアが下がり、壁は鏝《こて》仕上げ白漆喰。装飾木柱や腰壁、仕切りは浮き彫りが施され、壁には鹿《しか》の角。王が座るような真っ赤なビロードの重厚な椅子はまさに玉座。ここはヨーロッパの城館だ。

圧倒された気持ちで隅の小さなコーヒーテーブルに座るとボーイが水を持ってきた。ここは昭和九年の創業という。ウインナコーヒーを手に、あちこちに置いた飾り皿、ランプ、寝椅子、ロシアの給茶器サモワールなどをながめた。ブロンズ像は特に多く、サンチョを従えたドン・キホーテ、巻き髪に胸もあらわな乙女、愛犬を従え銃に弾込めする猟師、奔馬にまたがって疾走する勇者など、金物像好きの私はひとつひとつ丁寧に見てゆきたい。

その室内にウインナワルツが朗々と流れる。なつかしいレハールの「金と銀」、

次々にかかる華麗なワルツはほろ酔いを高揚させ、フランソアに続いてまた乙女名曲喫茶に出会った。

後に『京都の迷い方』(京阪神エルマガジン社)という名著で、玄関周りの色彩美しいタイルは大正六年に始まり昭和五十年まで京都にあった「泰山《たいざん》タイル」と知った。西洋建築移入期に建築用タイルの量産が始まったが、明治期に京都市陶磁器試験場(大正期には後に名だたる陶芸家となる河井寛次郎《かわいかんじろう》、濱田庄司《はまだしょうじ》らも在籍)に学んだ池田泰山はタイル制作に京都の美意識を繊細に生かし、規格品の量産よりも釉薬《ゆうやく》や炎による一枚一枚の違いを強調して、大阪綿業会館、甲子園ホテル、東京帝室博物館(現・東京国立博物館本館)などに使われた。先斗町《ぽんとちょう》歌舞練場や祇園会館にも残るそうで、こんどじっくり見てみたい。

わかりにくいバー

さてバー「カルバドール」に顔を出さねば。マスター高山さんには四日前に祇園サンボアで会ったから京都に来ていることは知れている。

京都のバーはおおまかには「サンボア系」が古く、ついで「K6」時代、そして平成十六年に開店したカルバドールは実力ナンバーワンとバー好きの評判を呼んだ。数年前、京都の人に案内されたときは満員で入れず中だけのぞいて帰り、翌日昼一人で確認に行ったが場所がわからない。前夜に明日来るから憶《おぼ》えておこうと注意深くあたりを見ておいたにもかかわらず、住所番地もこの辺でしかあり得ないのにどこにもない。そのまた翌日、平凡なビルの二階の非常口のような鉄扉に小さなリンゴの絵を見つけてこわごわ開けるとそこだったが満員。結局二日探して見つけて、それで入れなかった。外看板はなくエレベーターの階数表示にも名を入れていないから見つからないわけだが、結果的にはホテルフジタへ歩いてゆける近くだった。

「リンゴマークにアルファベットで、高山のＴと、カルバドールのＣが入っているんですがね」

そんなのわかるもんか！　この愚痴はなんども言っているのでマスター高山さんも笑うしかない。「どうしてこんなにわかりにくいの？」と素朴な質問もしたが、知ってる人だけ来ていただければいいんですとニヤニヤするばかりだった。わかりにくい店にして店のポリシーを守るという京都のやり方がここにも表れているのだろうか。でも、もう憶えた。

アプローチは殺風景だが、中は暗めの照明に煉瓦積みの壁が印象的なまことにオーセンティックなバーだ。二日ほどグァムで遊んできましたと言う高山さんは、やや日焼けした長身に三つ揃《ぞろ》え黒スーツがびしりと決まり、ホテルのメインバーに立つようだ。京都出身、長崎大学のときバーでアルバイトしてこの仕事にめざめ、小倉の「スタッグ」で修業。地元にもどりここを開いたが、京都ということは全く意識しなかったと言う。場所は地元人でもわかりにくいし、京都ガイド本に紹介されることもほとんどない。それよりも休みにはしばしば東京大阪などのバーに出かけて視野を広げてくる。東京のあるバーで「高山さんは時々来ます、よく高山さんご存知ですね」と言われた。

高山さんが志向しているのは純粋にハイクォリティなバーだ。例えばバーでは最も平凡なジントニック。ジンは「タンカレー・ナンバーテン」。計るメジャーカップは普通のステンレスのではなく、小さな30mℓリキュールグラスを使う。グラスにまずジンを入れ（ここからして違う）、ライムを絞って引き上げ、その段階でジンとライムジュースをかなりステア。次にシュウェップスのトニックウォーターを注ぎ、先ほどのライム果を落とす。大きな透明角氷をトングで挟んで水に浸《つ》け、ピシピシと音をさせると取り出し、いったん布で拭いて、そっとグラスに入れてでき上がり。やや硬質に清潔なジントニックは比類がない。

店名にもなっているカルバドス（りんごのブランデー）のビンテージコレクションは

相当なものらしい。意図をもってきちんとならべた瓶や道具。カウンターにライトテーブルを仕込みグラスを置くと下から光が当たる演出など、この仕事への矜持《きょうじ》をすみずみに感じる。京都らしさではなく、自分の酒で世界中から京都にやってくる人を迎えたいと言う言葉を、私はそれこそが京都出身の誇りかもしれないと感じる。

さて最後の一杯。そろそろ寝酒、カルバドスのカクテルにするか。

「ジャックローズ」

得たりと高山さんはにっこり笑った。

「スマート珈琲店」９００円
「まるき」８２０円
「めなみ」５３００円
「築地」５５０円
「カルバドール」３２００円

足袋
足袋
分銅

6日目　カレーそばとにごり酒お燗《かん》

京都に来て六日目になった。日常を離れ、どこか別の町にしばらくでも住んでみたいという願いをかなえにやって来たが、そのペースはできてきた。

普段住んでいる所は名所旧跡があっても、行こうと思えばいつでも行けると案外行かない。同じように、せっかく京都にいるのだから寺社名所でもという気持ちはおきず、晴耕雨読というか、朝起きると散歩してコーヒー、ついでに昼をすませて戻りパソコン仕事。夕方になると、さあてそろそろとシャワーを浴び、着替えてご出勤。なんとものん気なものだが、これをしたかった。そして行く店にはこと欠かない。やはり観光地京都はたいしたものだ。東京の難点は銀座なら銀座、新宿なら、青山ならとそれぞれ離れた別々の町で、まとまった繁華街がないことだ。銀座といえども一週間毎日店を変えて遊ぶほどではなく、第一似たような「銀座の店」ばかりだ。新宿また然《しか》り。一軒目は銀座、次は青山などと移動するたびに時間もお金もかかり、勢いもそがれる。しかし京都は、およそ歩いて行ける範囲に、じつに様々な町柄も店もそろい、時間もお金も有効に使える。来てから一晩に三軒、四軒は当たり前にしているが、東京ではおよそこんなことは無理だ。しかも最後は電車で帰らなければならないが、旅先京都は歩いてホテルに戻ればよい。今や自宅気分。そしてバタンキューだ。

てなことで今日の昼はちょっと遠い五条のうどん屋「辨慶《べんけい》」にしよう。

ホテル近くの京阪電車三条駅から乗り、祇園四条駅をすぎて清水《きよみず》五条駅で下車。三条、四条、五条と下がったことになる。

辨慶はこれまた何でもない構えのうどん屋なれど評判で昼どきは混み、入口には待ち席がある。屋台から始めた当時の写真を「初心忘るべからず」というように飾るのがいい。

壮観なメニューは端から食べてみたいが、気に入りは〈カレーうどん〉だ。カレーは〈きざみ七三〇円・すじ八〇〇円・肉九〇〇円〉の三種があってそばでもできる。それに〈かやくご飯=大三九五円・中二九五円・小一九〇円〉をつける。

「カレー、そばできざみ、かやくごはん小、あと冷たいお茶ちょうだい」

「カレー、そばできざみ、かやくごはん小、冷たいお茶はただいま」

女性が復唱して注文が通った。白ご飯、おにぎり、いなりずしなどセットものも豊富で、タクシー運転手やサラリーマンはだいたい新聞片手にセットだ。

この店が好きなもうひとつの理由は白布かぶりでてきぱき働く女性が美人ぞろいなこと。ボクの好きな白川さん（名札見ました）は今日は中指が包帯巻きで心配だ。

「お待たせしました」

白川さんではなかったが（コラ）運ばれたカレーそばの丼《どんぶり》はずしりと重い。まず木《き》杓子《じゃくし》でどろりとした汁を。

フーフーフー、ズスー。

「アー」もうため息だ。次いでパチリと箸《はし》を割り、カレー汁の下にひそむそばを持ち上げて白日にさらす。後は一心不乱無我夢中恍惚悶絶記憶喪失の世界、ここで冷たいお茶が大活躍で、もう一杯もらおう。そばを一段落して取り上げた茶碗《ちゃわん》のかやくごはんは細かく刻んで炊き込んだ油揚げ・人参に、牛蒡《ごぼう》の香りがすばらしい。添えた胡瓜《きゅうり》と白菜の糠漬《ぬかづ》けもたいへん結構だ。

辨慶は午前三時まで開いており、知りあいの独身美人編集者は勤め先の大阪から終電で帰り、辛いスジ煮かきんぴらをあてにビール一本あけるのがほっとするひととき

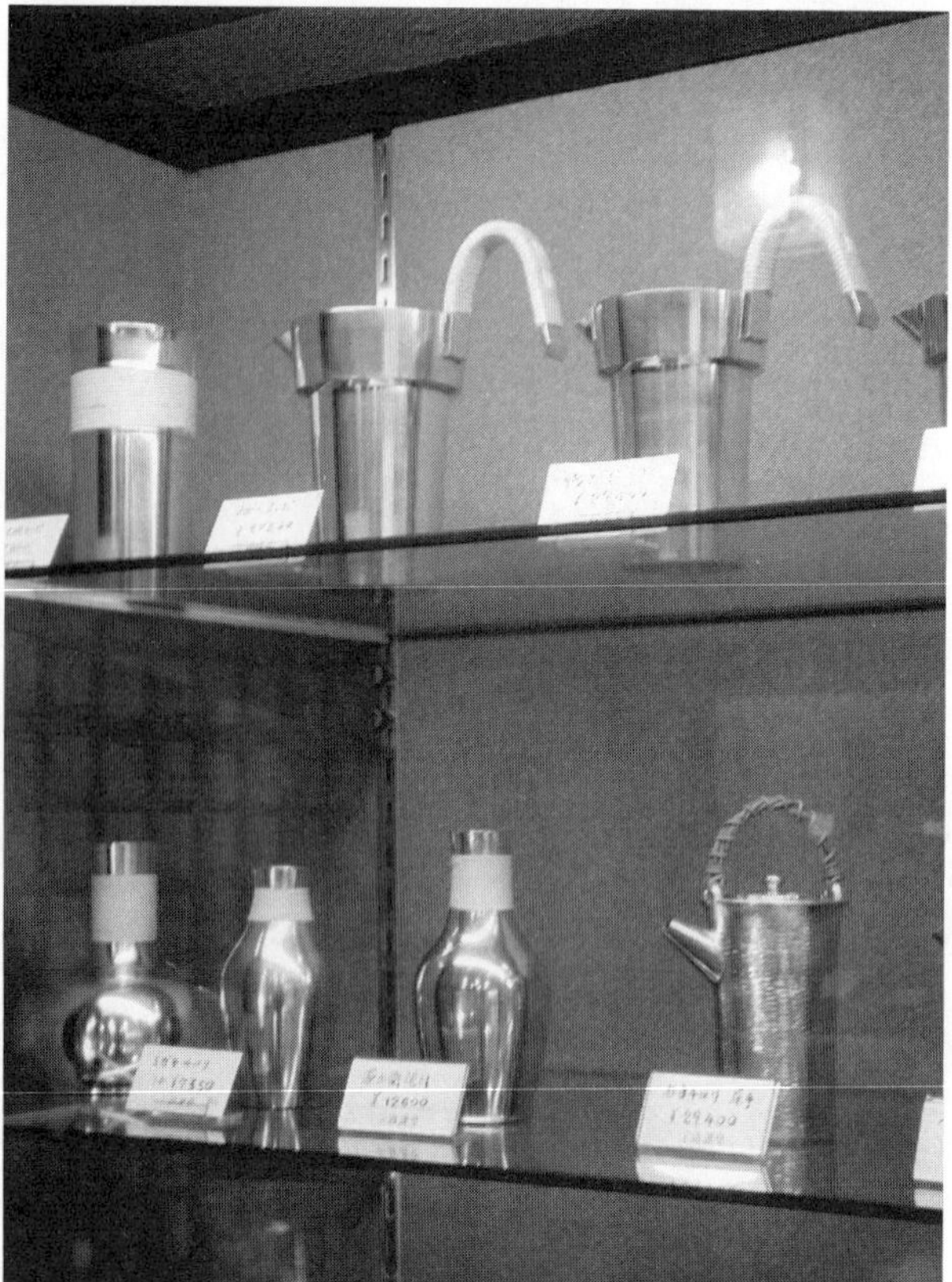
¥12600
¥29400

という。いい女だなー。

地酒も魚も

さて本日も夕方となりにけり。高倉二条へ歩く途中、寺町の錫器《すず》「清課堂ギャラリー」前を通ると、道に机を出して錫器でサングリアのパンチをふるまい生ハムの太い脚も置いている。「美器―優美な錫器の、匂《にお》い立つエロスに溺《おぼ》れる―」なる展覧会のオープニングとのことで、瀟洒《しょうしゃ》な茶室を抜けた奥の蔵で錫器写真を見てもどり、サングリアを一杯いただいた。ここで何か買えば立派だが、美術品ともいえる錫器はぐい呑《の》みでもかなりのお値段。お礼だけ言って失礼したが、道でのオープニングパーティはしゃれて外国のようだった。

おとといの昼コーヒーを飲んだ「月と六ペンス」の筋向かいにある「魚とお酒　ごとし」は新オープンしてすぐに入り、最近京都にできた店ではだんぜん一番だ。ここも今回入るのを楽しみに残しておいた。開店は六時。

「こんばんは」

「おいでやす」

今日で何度目かな、顔は憶《おぼ》えられたようだ。

「オープンして何年になりました？」

「先月五月末でちょうど二年です、三年目に入りました」

丸顔丸刈り頭の若主人は、あごと唇下にアクセントのようにちょこんとヒゲがついて、なんとなく自信が出てきた感じ。上野樹里《じゅり》に似る奥様はいつも着物に白割烹着《かっぽうぎ》で、ものを言うのも恥ずかしげなおさな妻のような感じだったが、今日は白割烹着はなく桜色の市松小紋《いちまつこもん》着物にたすきがけと若おかみの感じが出てきた。手伝いの若いのも一人入り、店の足場がかたまってきた様子がうかがえる。

お通し〈焼穴子ときゅうりの酢のもの〉はしっかり焙《あぶ》られた穴子に白ゴマが振られて万全だ。これでビールを終えて酒と魚の本番に入ろう。小さな突き板の品書きは、焼物、天ぷら、揚物、珍味、一品、ご飯物と分かれ〈造りは黒板をどうぞ〉とある。またここは京都には珍しく純米酒を中心に日本酒がとても充実し、特に滋賀の酒がいい。うれしいのは、めふん、このわた、鯛《たい》わた、ホヤ、うに塩辛、などおよそ十数種もある〈酒のあて＝珍味〉の別品書きで、ここにも〈うちはお酒がメインで、それに合う料理を出します〉という姿勢が見える。では注文だ。

「滋賀の萩乃露《はぎのつゆ》純米吟醸に、造りはアマテカレイ」

お酒は半分でも出します、でも量はありますよ、の言葉がうれしく、その萩乃露の仕込み水がやわらぎ水（チェイサー）で添えられるのはさすがだ。京都は「酒より料理」で、いろんな地酒をそろえた銘酒居酒屋は京都にはない。京都の料理屋は酒についてほとんど無関心なのが酒飲みには残念なところだったがここができた。（実際は味のプロだから酒の良否はもちろんわかるけれど、うまい酒を出すと料理に手を出さなくなるので、あえて酒が目立たないようにしている、というのが私の読みだが）

淡灰色の皿に白と赤が映えるアマテカレイ造りは、緑の大葉一枚に白雪のようなケンを添えただけの簡素な盛りつけが自信を感じさせ、艶《つや》のある旨味《うまみ》がすばらしい。ツンツンに切れる山葵《わさび》はこれだけで酒が飲め、はたして萩乃露吟醸がぴったりだ。

焼物から選んだ〈沖ハゼ一夜干し〉は黒瓦《くろがわら》皿に大きめ五尾とおまけのように小一尾を添えたのが愛嬌《あいきょう》だ。指でつまんで頭からやると一尾は大きな子持ちで当たり。これでたったの五〇〇円とは申し訳ない。半合の酒が終わって思案していると「にごり酒の燗はどうですか、弁天娘があります」と奨《すす》められた。

これは日本酒をかなりよく知る大胆な提案だ。にごり酒をお燗するなど相当酒に自信のある居酒屋でも目を白黒させると思うが、私は名酒の蔵元で体験し、その迫力に驚いた。弁天娘は今評判の鳥取の酒だ。

まだ他に客がいないのでこういうことをしてくれるのだろう。にごりのお燗はどろりとむせるように香り立ち、にごりならばと選んだ備前風の素焼盃《さかずき》にぴったりで一気に酔いが回る。これにはむしろあっさりしたものをと頼んだ〈しらす水菜おひたし〉は深鉢にたっぷりの量で、白いしらすと緑の水菜にぱらりと振った粉一味の赤がアクセント。出汁《だし》に浸ってしっとりばりばり食べられ、こういうものはサラダ感覚でたっぷり食べる、ちょこまかつまむものではないという姿勢がいい。やはり京都は出汁だ。関東のお浸しは茹《ゆ》でただけのに、せいぜい削り節をのせ醬油《しょうゆ》をかけて食べるのだから料理以前だ。

この店も白木と白タイルだけのミニマルなモダン和風だ。長い白木カウンターの真ん中に、青笹《あおざさ》に賀茂茄子《かもなす》を三つ重ねただけを象徴的に置くセンスがいい。木屋町、河原町から離れた静かな場所に開店した本格の店は深夜までやっていることもあって、落ちついた大人のカップルや男同士に好まれている。いつかここで「祇園きたざと」のご主人夫婦と娘さんに出会ったことがあった。

店にはいつも沖縄のバンド、ビギンのCDが小さく流れる。カウンター端には沖縄の楽器・三線《さんしん》が置かれ、トイレの手洗いにはシーサー（沖縄の守り獅子《じし》）とカチャーシーに使うサンバ（三板／同カスタネット）があった。主人は沖縄出身ではないが大好きで、たまに三線も手に取るそうだ。

客が入り始めて忙しくなった。隣のカップルのとった〈造り盛り合わせ〉は八品あって豪華。カウンター端に座った大きな水玉のしゃれたワンピースの女性一人は、品書きをじっくり見たのち、「えーと、いいですか」と、造りは〈鰹《かつお》と鯖《さば》と甘鯛〉、それに〈蓴菜《じゅんさい》のわさび酢〉とセンスのよい注文だ。それにはこの酒が合いますとすすめてあげたいな。こちらは〈常節《とこぶし》の造り〉。冷然たる大常節が二個、砂色の器に鎮座して木の芽山椒《さんしょう》がのる。これでまた吟醸酒。ああ、ひとり酒っていいなー。でも水玉の彼女に一杯さしあげたいなー。

そろそろ最後の料理にするか。つらつら品書きを眺めていて、もう決めてある。

「鴨《かも》と焼葱《やきねぎ》の鍋《なべ》ね」

「承知しました」

土鍋に出汁をたっぷり張り、具を入れ、ゴーと音を立てるものすごい強火にかけ、超グラグラに煮え立つ鍋をヤットコで摑《つか》み、熱いですよと届いた。鍋はまだ煮え立ち、湯気の中にピンクの鴨肉・焼葱・牛蒡・油揚・薬味青葱がのる。以降は無我夢中、初めは鴨と葱が主役だが、次第に牛蒡が頭角を現し、最後は油揚げは偉大なりで終わる。ああ言うことなし。注文は伝播《でんぱ》する、この後二組がこの鍋を注文した。

「うまかったよ」

丸顔主人がにっこり笑い、美人若おかみがいそいそと玄関まで送ってくれた。

夜の怪魚

「ごとし」を出て夜の道を四条方面に向かってわざと暗い裏道を歩いた。夜の町中の人通りのない暗い道が好きだが、今はなかなかない。瓦屋根の続く暗い夜道は子供の頃の信州松本を思い出す。

少し先にそこだけ道をぼうっと照らす家がある。なんと水深一メートル以上もある巨大な水槽の灯で、泳ぐ奇怪な熱帯魚たちに目を見張った。平べたいもの、とがったもの、グロテスクな体型などすべて半端《はんぱ》でない大きさだが、一番大きいのは丸長い体長一メートル余はある、ウロコも全身も真珠のように純白に光る怪魚だ。とがった口の手前の目は小さいだけに獰猛《どうもう》さが感じられ、ガラスを隔てていてもぬらりとこちらに泳いで来ると思わず身を引く。金縛りにあったように見ていると奥から女性の方が戸を閉めに出てきて、うかがった。

「これはなんと言う魚ですか？」

「アリゲーターガーですが、白いのは突然変異らしいです」

アリゲーターは鰐《わに》だ。そういえば顔が似ている。子供が買ってきたこのくらい（指で示す幅十センチ）のが、みるみる成長してこんなになったと言うが信じられない！夜の裏通りで見た怪魚に今夜うなされるかもしれない。

後の七月、東京の新聞に「大田区呑川《のみがわ》で、捨てられたらしい観賞用輸入魚アリゲーターガーが、体長一メートル余に成長しているのが発見され、釣り愛好家に三匹釣り上げられた」と記事が載った。北米原産の獰猛な大型肉食魚で長さは三メートルにも達するという。まだ他にもいるらしく地元の環境団体は「生態系に悪影響のある外来魚」として駆除を求めるそうだ。しかし載った写真は黒斑点《はんてん》の茶色だ。蛇も白蛇は神聖と言う。あの突然変異の神秘的な白い魔魚は神の使いだったのかもしれない。

めまいがする気持ちでさらに歩くとサウナのある銭湯を発見。人心地ついてサウナ銭湯もいいなと考える。錦小路《にしきこうじ》手前のサントリーの黄色い大きな看板の「松川酒店」は半分玄関を閉めた中で、サラリーマンに外人さんもまじって角打《かくう》ち立ち飲みが盛況だ。夜の散歩も面白い。

昨日の夜入った喫茶「築地」のすぐ近くの「喫茶ソワレ」は、大谷石《おおやいし》の壁をつけたヨーロッパ山荘風二階家で、緑のテント地ひさしが路上に張り出す。店内は白壁に向けて間接照明の光が青い。一段上がった奥の席の小さなコーヒーテーブルの赤いベンチに座りメニューをひろげた。コーヒー紅茶のほかにアイスクリーム、ヨーグルト、

ジュース各種。〈ちょっと小《こ》粋《いき》に〉とフィーズ各種（ジン・メロン・ストロベリー・バイオレット・カカオなど）。特に充実のパフェやゼリーは、色鮮やかに細工した果物各種やクリームがあふれんばかりに山盛りで、女性ならば必ず「わあ！」とぱちんと手を叩《たた》くだろう。

　中年男一人としてはコーヒーを頼み、濃紺のカップを手に店を見わたす。仕切り壁は手斧《ちょうな》仕上げに連続模様の葡萄唐草《ぶどうからくさ》やひまわりの木彫がほどこされ、机ごとに異なる小スタンドはアールヌーヴォーのステンドグラス。水コップは東郷青児《とうごうせいじ》描く女性イラストが入り、ショップカードは紫陽花《あじさい》の花をかぶる夢見るような女性の絵に「六月」とあるのは、月ごとに変わるのだろうか。もう一枚には吉井勇《いさむ》の短歌〈珈琲の香にむせひたるゆふべより夢見るひととなりにけらしな〉。大きな額装の絵はスペイン衣装の美人。音楽はなく、シーンと青い光に包まれるのは水の中にいるように幻想的だ。

　まさにここそ純粋乙女喫茶。開店昭和二十三年。今のオーナーの父は東郷青児と親交があったそうだ。京都の喫茶店は面白いと聞いていたが、フランソア、築地、ソワレが三大レトロ乙女喫茶かもしれない。向こうの席はしわくちゃな老婆《ろうば》が二人、話すでもなく紅茶を飲んでいる。歳《とし》はとっても乙女心は変わらない。二階はベンチシートが青で、白レースカーテンの広い窓から高瀬川の緑の夜景がきれいだ。こんどは昼に来てこの席に座ろう。

オトメチックな館《やかた》を出たら男っぽいカウンターに座りたくなった。

京都で一番ディープな飲み屋街は雑居ビルなのだそうだ。富小路「四富会館」、三条木屋町「都会館」、裏寺町「しのぶ会館」、木屋町四条「西石垣《さいせき》会館」、松原「美松会館」、西院「折鶴会館」、烏丸《からすま》七条「リド飲食街」など。

五年ほど前だったか、木屋町三条に京都一のジントニックを出すバーがあると聞いて、ジントニック好きの私は友人と尋ね尋ねて、あるビルのペントハウスのバー「ノイリーズ」に入った。簡単なラウンドカウンターで飲んだジントニックはおいしく、店名はカクテルに欠かせないベルモット（にがよもぎなどの香薬草ワイン）のトップブランド「ノイリー・プラット」からですかと聞くと、マスターの名前が野杁《のいり》秀二さんで「NOILLY's」。バーテンダーにぴったりの本名だなあと思ったことがあった。

そのバーはなくなったが最近某所に復活したと聞き、今日の午後はそこを探してずいぶん歩きまわった。ようやく見つけたのは西木屋町、喫茶「築地」「ソワレ」と目と鼻の先だが、まさかここではないでしょうという裏路地の雑居ビル「たかせ会館」。その二階へ上った階段脇《わき》の無愛想な扉上に、白地に「NOILLY's Coffee & Spirits」だけの小さな看板をみつけた。普通は管理人室の場所だ。二階通路に並ぶ店は昼は堅くドアを閉じ、廊下はお世辞にもきれいとは言えずむしろ荒廃気味のディープな雰囲気だ。一階のスナックの〈今日は朝まで中島みゆき〉の貼《は》り紙が生々しく、古都京都も一皮むけば、地元人のアヴァンギャルドなマグマが渦巻くと聞くけれどここの事かいな。

今から「ノイリーズ　コーヒー&スピリッツ」に行く。

「こんばんは」

「いらっしゃい」

ほんの一坪半くらいに七席のカウンターと後ろは酒棚、凝った造作は何もなしの男っぽい簡単な店は居抜き改造のようだ。野杁さんは友達に声をかけるような気軽な声、白髪短髪にシャツ一枚腕まくりと気負いがない。

「ジントニックをください」

「はい、ジンは何つかいましょ」

ここは考えようだ。普段は「いつもお使いのもので」と答えてバーテンダーの好みを逆に探るのだが、あらゆるジンの特徴を知り尽くしての上で客に委《ゆだ》ねるのだから、「いつもの」ではそのジンならこうしてやれという仕事の面白味がないかもしれない。棚には知らないジンもいくつかある。

「では、プリマス」

「わかりました」

野杁さんは莞爾《かんじ》と微笑《ほほえ》んだ。プリマスこそジントニックの王道、海の男のジンだ。プリマス港は英国海軍の港。ネイビーのバーは将校はジン、船員はラムを飲んだ。

ツイー……。

ビターのワンダッシュがきいたジントニックは文句なしに男の爽快感《そうかいかん》がある。たちまち飲み干し、空になったグラスをもの欲しげにのぞくと「もう一杯いきますか、ジンリッキーにしますか」と笑う。「ではジンリッキー、ジンはおまかせ」にした一杯は、プリマスとは対照的に柔らかく甘くエレガントで、これもジンかと思うくらいだ。

「エギュベル、南フランス・プロヴァンスのジンです」

ジントニックに比べジンリッキーは辛口であまり飲まないが、これはいい。

前の店を閉めてから二年半ほど休み、昨年八月にここを開いたそうだ。「シブイ場所を見つけましたね」「ハハハ、安いんですよ」と屈託がない。ならべきれないので少しずつ運んで置いているというシングルモルトウイスキーは見慣れないものばかりだ。マスターのカラリとした人柄と男っぽく飾り気ない室内（まるで海軍宿舎バーのような）が気に入った私はもう少し座っていたい。何かウイスキーをと注文した。「クラガンモア。スペイサイドのシングルカスクで十六年、ボトリング三百十三本の二百番です」とラベルの直筆ボトルナンバーを指さす。「世界に三百十三本か」「ははは、あるうちに飲んでください」と笑う。こっちに来てから始めたという、注文のつど豆を挽《ひ》くネルドリップコーヒーも魅力だが、それは今度にしよう。

「ごちそうさん、また来ます」の言葉にお世辞はない。男と男のバー、探した甲斐《かい》があった。階段を下りると〈今日は朝まで中島みゆき〉の貼り紙ドアが開いて歌声が聞こえる。「中島みゆきかぁ」意味のない一人言が出た。

親孝行な主人

そろそろ夜の十一時。木屋町は人でぎっしりだ。今日は六月末の給料日の金曜日、夏のボーナスをもらった人もいるはずで、外を遊び歩くには最適の日だ。気勢をあげるグループをかわして探すのは、朝五時半までやっている評判のカレーうどん「味味《みみ》香《こう》」だが、ぐるぐる回っても見つからない。そのあたりの「よし古《こ》」の灯がついている。そういえば数日前の昼、うどん屋「美よし」へ歩いてゆく道で私に挨拶《あいさつ》する人がいて、思い出せないでいると「そこの、よし古です」と指さす。「あ、こんど行きます」と答えた。ちょうどいい、顔を出そう。

「こんばんは」

「おいでやす」

カウンターと小上りが少しの小体な居酒屋は年期が入っている。名物「湯とうふ」はグラグラ煮え立つ土鍋に入れた醬油たれが秘伝で、豆腐が終わるとたれを鍋に放ち、おつゆにして飲む。〈なっぱ煮〉は白才菜（白菜とは違う京都の山東菜）と油揚げと鶏《とり》の炊いたものでつやのある出汁がおいしい。

「遅くまでやってるんですね」

「二時ですが、昔はもっと遅かったです」

俳優・船越英一郎に似る主人は「桂文珍に似てるとは言われますが」と笑う。もとプロ野球・近鉄バファローズのキャッチャーだったというのは今日初めて聞いた。岩本、小玉、三原と三人の監督に仕え、リーグ優勝はなく三原監督のときの二位が最高だったがキャッチャーのポジションは面白かった。引退してゴルフ三昧《ざんまい》のときゴルフ場にいた女性と結婚。いい歳になっての遅い結婚だった（奥様も店に立ちとても美人、さすが）。

両親は戦前に三条で散髪屋をしていたが、戦時中ここで散髪屋をしていた人が空襲が来ると思い店を売りに出し、広くなるので買った。戦後店半分をカウンター居酒屋にして母はそちらに立ち、その後あまり散髪は好きでなかった父も、鋏《はさみ》を包丁に持ち替えて居酒屋を拡張した。いわく「散髪は一人一時間かかり一人対一人だけど、居酒屋は一人で大勢を相手にできる」と。夕方五時から朝八時まで通しの営業でサラリーマンは朝まで飲み、それは繁盛《はんじょう》した。

「子供の自分は、母が朝まで働いてるのはいややったです」

母とあまりふれあえないその気持ちはわかる。プロ野球時代も寮生活と各地の転戦で親の身近にいられなかった。それをとり返すように引退後は母を助けて包丁を持つことにしたが修業する期間がなく「素人《しろうと》料理」を名のった。

「素人で、だし巻の返しを逆に憶えてしまったんですよ」

以前頼んだとき見ていたが確かに関東流だった。

目の前の高瀬川は昔は蛍が舞った。うどん屋「美よし」はかなり古い。その近くのうどん屋「大黒屋」も古く、そこの娘が嫁いだ店も味はよかったがなくなった。探していたカレーうどん「味味香」はついこのあいだ祇園に移転したそうだ。

二階からお母さんが降りてこられた。大正六年五月十五日、葵《あおい》祭の日にお生まれの御歳九十二歳。お名前「ヨシ子」が店の名になった。店に来ると川風が涼しい二階でしばらく休み、やがて降りてくる。今はカウンター端に座るだけだが、私はこのお母さんの顔が見たくてここに入るようになった。そういう常連は多く、皆さん声をかけお母さんは静かにうなずく。夜二時までこうして座っているのは昔とったきねづか、年寄はありがたいものだ。デイサービスのショートステイでネイルアートをしてもらったのがうれしかったそうで爪《つめ》を見せてくれる。

息子さんは今は母の顔を毎日見ていられる幸せをかみしめているようだ。お母さんも、きれいなお嫁さんをもらった息子といるのは幸せな日々にちがいない。休みの日は母をつれて外食に出る。ときどき行くという「小鍋屋いさきち」は私も知っている。

出るときにお母さんの手を握らせていただいた。ふわふわの手にネイルアートした爪がきれいだった。

「辨慶」 920円
「魚とお酒　ごとし」 7150円
「喫茶ソワレ」 520円

「ノイリーズ　コーヒー&スピリッツ」２４００円
「よしお」２２００円

7日目　ぐじ焼とネグローニ

京都一週間も最後の日になった。昼のうどんも少し飽きて今日はラーメンにしたいが、京都のラーメンは濃厚で苦手だ。昼十二時からやっている「京極スタンド」の中華そばにしよう。

新京極の四条寄り。白暖簾《のれん》に赤い図案文字「スタンド」。ドアの両側のガラスショーウインドに料理サンプルを並べて丸いぼんぼり電灯が下がる昭和レトロの構えがいい。ここは創業昭和二年の「バール」だ。居酒屋でもバーでもない「バール」と言いたい。入ればわかる。

店内は長方形で床は黒テラゾー（人造大理石）。釉薬《ゆうやく》焼付けタイルの腰壁《ようへき》から上の白漆喰壁はカーブして天井になり、天井に向けて間接照明が当てられ、羽根扇風機が三台下がる。注目は店内真ん中の幅せまく細長い大理石カウンターテーブルだ。幅六十センチ、長さ六メートル。立ち上がりも御影石《みかげいし》で石のテーブルは珍しい。客はそこに向かいあって座り、相手の顔は近い。

壁側は半丸のテーブルが三つ。正面奥の石のハイカウンターは今は酒の支度場所だが昔は立ち飲みスタンドだったようだ。壁にはステンドグラスの照明がいくつかならぶ。

石と金属を多用したヨーロッパ風の内装はアールデコの味を残してスペインやイタリアの古いバールを思わせる。今に残る昭和初期京都モダン酒場は大変貴重だ。注文が届くと値段数字に赤く丸をする昔のままのロゴ右書きデザインの伝票もいい。

昼十二時から夜九時まで通しの営業で、ランチタイムのOLの隣で刺身と菜の花お浸しを肴《さかな》に昼酒の中年は、はやくもできあがりつつある。夜は一杯やるサラリーマンの隣でカツ丼《どん》だけ食べて帰る客もいる。お徳用の〈スタンド定食・九〇〇円〉の本日は〈ステーキ・コロッケ・パスタ・サラダ・ご飯〉と豪華、これに生ビールをつける人が多い。名物〈オムカレー（オムレツ＋カレー）〉は超大盛、人気の〈あんかけビーフン〉は大丼《おおどんぶり》にうずたかく盛り上がり、若いのは一人で挑戦、OLは三人で分けあう。食堂、居酒屋、ビアホールが渾然《こんぜん》一体の賑《にぎ》わいはまさにバール。ハムカツもコロッケもいか大根煮もローストビーフ（うまい）もポテサラも湯豆腐も柳川鍋《やながわなべ》も、なんでもありだ。その中で不動の人気があっさりスープの〈中華そば・五〇〇円〉だ。夜飲んだ後も重宝される。

ぱちり。箸《はし》を割ってまずスープから。澄んだコクはまさに昭和の中華そば。具はチャーシュー、もやし、葱《ねぎ》。隣のビール大ジョッキの人がいい匂《にお》いにちらりと目をくれた、この人もきっと最後はこれだな。

うまくて安くてボリュームがあって、困ったら、いや困らなくても京極スタンドに入りさえすればなんとかなる。以前、カウンターテーブルの端で一人で飲んでいると、半丸テーブルから手を振る三人がいて、なんと東京湯島の名居酒屋「シンスケ」主人と、常連の人形作家・四谷シモン氏にもう一人。シンスケ主人がこんど京都に遊びに行くんだと嬉《うれ》しそうに言っていたのがこれで、夕方六時の新幹線で帰る前にまだ時間があると寄ったのだそうだ。

もうひとつの魅力は、働く女性たち四人の目端のきいた気配りと愛想のよさの、店中みんなが友達の居心地だ。男も女も、若いのも年配も、一人もグループも、混んでいれば譲りあいながらそれぞれに楽しむのは、イギリスのパブ、フランスのカフェ、ドイツのビアホール、イタリア・スペインのバール、世界中どこにもある健全な酒場と全く変わらない。ああ、うまかった。夜も来ようかな。

ラーメンの後はコーヒー。烏丸《からすま》四条に近い「前田珈琲本店」は間口も奥もたいへん広い喫茶店で、イノダもそうだが喫茶店だけでこれだけ大きな構えの経営ができるのが京都らしい。ここもイノダ本店と同じく朝七時からやっている。最近喫茶店をカフェと言うが、これが本当のカフェで、毎日入り、コーヒーを飲んで新聞を読み軽い食事もできる。待ち合わせも「前田でな」「本店やな」で通じる。

コーヒーは、
・スペシャルブレンド（龍之助）
・プレミアムブレンド（冨久）
・完熟ブラジル（牛若丸）
・ブルーマウンテンブレンド（弁慶）
カッコ内がよくわからないがスペシャルブレンドはバランスよくおいしく量もある。量といえばちらりと見たスパゲティミートソースのボリュームがすごい。メニューにはハヤシライス、カレー、サンドイッチなど洋食ランチがたいへん多く、昼にうどんそばもいいけれど喫茶店ランチもよさそうだ。

ベンチシートの隣テーブルに座った、紫と黒の大きな格子《こうし》のシルクワンピースに髪をきれいにまとめあげた美女の細身の体がセクシーだ。京都の昼の喫茶店でこういうとびきりの美女一人をよく見る。待ち合わせかと思ったがさっさとランチをお召し上がりだ。どういう人なのかなあ。すてきだな。

売店は制服女性が忙しく、男の従業員はみな黒ズボン、蝶《ちよう》タイ、白上着とフォーマルだ。京都の店のボーイは白上着が当たり前で、古くからの大型喫茶店（スマート珈琲の開業は昭和七年、イノダコーヒは昭和十五年、前田珈琲は昭和四十六年）が日常に誰にも活用されているのは、観光とはべつの京都らしさと思う。そこが好きだ。

すばらしき出会い

夕方から雨になった。予約が今日しかとれなかった「食堂おがわ」は初めてゆくので、見つからないといけないと思い傘をさしてはやめにご出勤。しかし絶望的な方向音痴の私はやはりわからない。木屋町通を四条を越して下がった所のはずで、このあたりは何度も来て喫茶「フランソア」も向かいの居酒屋「鳴瀬」も奥の「月村」「喜幸」「うすい」老舗《しにせ》洋食「コロナ」「カルド」も迷わず行けるのに全く不思議だ。だいたい京都の店は、地図や住所通りに行けばあるはずの所に結局はあるけれどわからないのは、そこにあるのに目立たぬようにしているからだ。食堂おがわも看板のない店なのだろうか。このあたりは一軒家ばかりなので悉皆《しっかい》調査のつもりで一軒一軒をじっくり見てゆくと、小さな洞窟《どうくつ》バーのような白壁アーチ入口に小さく埋め込んだ店名看板と、裏に準備中と書いた木桶《きおけ》を置いているのに気がついた。和食らしい構えではないので見逃していたが、外に重ね置いた魚の発泡スチロール箱で見当がつく。

と、バーのようなドアが開き黒Tシャツの女性が顔を出した。

「あの、ここは食堂おがわですか？」

「はい、そうです、ご予約の方ですか？」

「はい、そうです」

後で来ますと伝えこれで安心だ。

このあたりは四条河原町阪急デパートの裏で通称「阪急裏」と言うが、阪急デパートの閉店が決まりもうその名も使えなくなる。そういえばこのあいだ先斗町《ぽんとちょう》「ますだ」で阪急の跡地はどうなるの話になり、私はこんな案を力説した。

ヤマダ電機もビックカメラもユニクロも東急ハンズもダメだ。広い敷地を生かして、一〜三階はオペラ上演も可能な吹き抜けの音楽大ホール、四〜五階はミュージカルをふくむ大劇場。その上は企画展のミュージアム。地下は若い人むけのロックやジャズのコンサートホールとパフォーマンスなどの実験小劇場。もちろん要所にレストランやバー、サロンをおく。つまりは芸術の殿堂だ。前川國男《くにお》設計の京都会館はあるが、岡崎は遠すぎるし老朽化して改修に入るという。歴史的建造物が多い京都は新たに広い土地を取得するのは難しい。それが京都真ん真ん中の四条河原町に出現すれば華やかだ。今や物販の時代は終わり、人はモノを買おうとは思わない。人を集めるのは文化だ。文化都市京都に一流オーケストラやオペラの施設がないのは恥ずかしい。パリを、フィレンツェを、ウイーンを見よ。世界のアーチストにKYOTOでの仕事は魅力であろうし、経済効果も大きいに違いない。そういう一流芸術家が先斗町や祇園をうろうろしているのはまことによい光景だ。クラシックと、若いアーチストのための「何をしてもよいホール」が同じ建物にあるのも京都らしいではないか。「京都音楽フェスティバル2012」「京都の夏2012」、語感もいい。東京の国立劇場は半蔵門も初台も殺風景な場所にあり、観《み》終わるとタクシーを拾うばかりで感動の余韻にひたる場所がないのがまことに貧しい。その点四条河原町なら全く文句なしで、華やかに高揚した気持ちの受け皿は山ほどある。しかしお上のやる第三国立劇場ならご免だ。京都こそ日本の真の都、いかなる時代の政治権力にもつねに距離をおき、自らの文化を連綿と伝えている町衆の力こそふさわしい。ただし金は出してもらってもいい。京都新聞も協賛せよ。

「でしょう！」

「あ、いい、いいですね」

まくしたてる私に主人は賛成してくれたが、はたしてどうなるか。参院選挙がスタートしたが、運動中の候補に具申しようか。

——おっと食堂おがわの開店時間だ。

「ごめんください、さきほどの」

「あ、どうぞどうぞ」

六角形を半分に切ったような変形カウンターと小机ひとつ、棚の酒瓶、食器などすべてがまる見えの二坪ほどの極小店だ。丸刈りの主人とさきほどの女性、ともに黒Tシャツの二人がカウンター内で背中をすり合わせるように働く。電話がじゃんじゃん鳴り女性は予約受付に忙しい。これは早く来てよかったと思う間もなく、大学教授風の見かけ六十代ご夫婦、よそ行きの服をきちんと着た七十代ご夫婦、食通らしい四十代の男二人、そして私になった。きれいな字の黒板品書きは魅力的なものばかりだが、全員がいっせいに注文すれば時間がかかる。これはタイミングと、他人の注文に便乗が早いだろう。主人は大きなタッパーで何か練っている。

「それは何ですか」

「玉みそ。うどてっぱい用です」

玉みそは白味噌《しろみそ》と玉子を練ったものだ。

「うどてっぱいと鴨《かも》ハムと生ビールをください」

「はい」

女性がサーバーをひねった生ビールは薄玻璃《うすはり》グラスでかなりうまい。ビール合格。独活《うど》と生タコを和《あ》えた白磁皿の〈うどてっぱい〉は、深々と粋《いき》な味だ。アルミホイルでぎりぎりと巻締めた〈鴨ハム〉はスライスを少し温めて並べ、実山椒《みざんしょう》のたれをかけ、柚子胡椒《ゆずこしょう》で食べる。半生ほっこりジューシーな口当たりは鴨ロースよりもレアで旨味《うまみ》濃く、鴨の香りがたまらない。おすすめされた「生酒うすにごり・一博《かずひろ》」（滋賀）にぴたりと合い、冷酒のしつらえはガラス片口に錫《すず》の猪口《ちょこ》と、じつに酒をよく知っている。酒と肴の相性、器も満点だ！　これはすごい店に来た。大きな実感にあらためて店内を見回した。

初々《ういうい》しさをのこす主人の小川真太郎さんは割烹《かっぽう》で修業すること十年。オバマ大統領に似た精悍《せいかん》で誠実味のある風貌《ふうぼう》だ。そろそろ独立を考えていた頃、よく通っていたこのバーが閉店すると聞き「和食に白い洞窟風入口の店も面白いかと」引き継ぎ、昨年（平成二十一年）開店した。特大俎板《まないた》に向かい、後ろは冷蔵庫、右は焼物煮物と、飛行

機のコックピットのごとく動かずにすべてをこなし、複雑な注文に渋滞がない。鴨ハムを切る時は絵のパレットのような小型の別俎板を使い、細長い柄の先に極小カップをつけた柄杓《ひしゃく》は甕《かめ》の実山椒たれ用に作ったようだ。

料理に注目。私の右隣の老夫婦はもの静かなので注文が通っているか心配したが、きちんと対応されていて、届いた〈ずいきあんかけ椀《わん》〉は朱塗のお椀の蓋《ふた》をとるとほわりと湯気が立ち、奥様の顔がほころぶ。六十代夫婦注文の〈鱧《はも》の焼霜〉は焼けた魚をいったん取り置くのに菓子箱の木蓋を使うのがいい。

「この鱧うまいな、韓国かな」

「今年は鱧が異常に高く祇園祭の鱧寿司はぜんぶ断りました、穴子寿司でいきますわ」

食通大食いらしい男二人が主人に声をかけた。

「鯵《あじ》は？」

「いま酢《す》〆《じめ》しました」

「おう、それ」

「こっちも」すかさず便乗作戦開始だ。

「御池にパクリの店できたで」

「なんて？」

「食堂清水、言ったかな」

「ははは、あれね、パクリますと言うて来たわ」

どうやらここの客だったらしい。これですと渡す小さな手書きちらしに「3月29日OPEN　四条富小路　四富会館内」とある。ディープと言われるあの会館だ。

食通二人組のとった〈ヨコワたたき〉は塩たたきで、塩でぺたぺた叩《たた》いてレモンを搾《しぼ》り、ぽん酢をかけ、大根おろしをたっぷりのせ、再び（さっきと別らしい）ぽん酢をかけまわし浅葱《あさつき》と生姜《しょうが》をのせた。ぽん酢を二回かけてうまそうだ、便乗すればよかった。六十代夫婦の注文〈鰻《うなぎ》の八幡《やわた》巻《まき》〉は牛蒡《ごぼう》に生鰻を縄のように巻いて焼き、そのあと蒸してラップ保存したもので、ラップを解いた姿は切り牛蒡が豪快にはみ出てなんともうまそうだ。これも便乗すればよかった。開店一年なのにしっかりとついた食通常連は、季節季節の仕事を「追っかけ」の如《ごと》く通っているようだ。

しかしこの店のよさは酒料理だけではないと気づいてきた。獅子《しし》奮迅に仕事しながらも客の話に合いの手を入れ冗談も飛ばす主人の余裕と、洗い仕事にお燗番《かんばん》にてきぱきと動きながらつねにニコニコ明るく笑っている女性のつくる陽気な居心地だ。しかめ面《つら》の料理人を前におとなしくしている気取ったカウンター割烹とちがい、リラックスして美味にひたる喜びが小さな店内に満ちている。酒もじゃんじゃん注文が出て、すばらしい年代物の錫の二穴燗付け器も常時稼働《かどう》だ。

頼んでおいた〈ぐじ焼〉は頭と尾の両方のまさに尾頭《おかしら》で、ウロコがぴんぴんに立ち、圧倒的な旨さ。頭の表も裏も骨もすべてしゃぶり尽し、まだ未練がある。酢の頃合いがよくなったらしく届いた〈鯵酢〉は身厚のとても立派な鯵で、これは酢〆に時間が必要だったのだろう。

黒板にはさらに魅力が残されている。

・うすい豆とじゃこのごはん
・ぐじごはん
・新生姜といわしのごはん
・鱧寿司
・すっぽん鍋
・鱧鍋

しかし今から頼んだら時間のかかるものばかりだ。残念。

と、奥の六十代夫婦の奥様が「ひとくちいかがですか?」と小椀を差し出した。〈新生姜といわしのごはん〉だ。「あ、あ、いただきます!」遠慮のかけらもないわが身が情けないが、いやそのうまいこと！　食べっぷりに「おかわりいかがですか」と声をいただくがさすがに辞退。だって、ご夫婦のがなくなってしまう！　それを機に少し話し、やはりリタイアされた大学の先生で、ここには東京から何度も食べに来て「今京都でいちばんいいでしょう」とおっしゃる。うらやましいご夫婦だ。

酒も料理も雰囲気もロケーションも、なにもかもすばらしかった。今回最大の出会いに必ずまた来ると心に決め、もう一度ご夫婦にごはんの礼を言った。店の二人にも何か言いたくて考えたが「すばらしかったです」の言葉しか浮かばなかった。

道に迷って

外に出て、もういい、もう東京に帰っても未練はないという満足感がわいてきた。やはり旅はしてみるもの、初めての店に入ってみるものだ。一日二日の滞在では失敗できないからつい手堅くなじみの店になってしまう。一週間の余裕があればこそで、京都に着いてから予約を入れた食堂おがわはいっぱいだったが、取れた日（滞在最終日セーフ）まで待っていられたのだ。

昨日「ノイリーズ」を探し歩いている時に迷い込んだ裏道に、よさそうなブックカフェ「エレファントファクトリーコーヒー」を見つけた。これからそこに行こうと思うのだがこれがまた昼間見ているのにわからず、雨の中をうろうろ歩く羽目になる。無料案内所の、小柄に口髭《くちひげ》、メキシコ映画の小悪党のような男が「フーゾクどうですか」と寄ってきて、ままよとややこしい店名を言うと意外にも「エレファントコーヒーならこっち」と知っていて詳しく教えてくれる。人は見かけによらない。すっかり恐縮してチップ渡せばよかったかなと思いつつ、教えられた通りに「餃子《ぎようざ》の王将」を頼りに行くがそれでもわからず、戻ってもう一度聞き直そうかと立ち止まり、そこにようやく発見。オイラも方向音痴だけどマッタク京都の店はワカランテ。

煉瓦《れんが》のせまい外階段を上って二階へ。入口近くにコーヒー淹《い》れ場、廊下のような室内の窓際《まどぎわ》にカウンターと椅子《いす》、奥にまた部屋がある。古びた木の床にコンクリートむき出しの天井、ぶらさがる笠《かさ》つき電球。アパート改造らしき、教室のような部室のようなまったりしたカビくさい空気だ。男の一人客は煙草《たばこ》をくゆらせて瞑想《めいそう》、若い学生風はコーヒーを飲みながらノートに何か書いている。奥の机には昔のヒッピー風花柄ロングスカートの女性が三人。こんな雨の夜に若者が一人、二人と来て静かにコーヒーを飲んでいる。長い前掛けの若いマスターは修行僧のような丸刈りに黒の長袖《ながそで》Tシャツで、慎重にコーヒーを淹れる。

「お待たせしました」

〈中煎《い》りストレート・タンザニア〉のコーヒーは、やさしい苦味と酸味が夜じっくり飲むのにふさわしい。あちこちに置いたのは古本ばかりでサブカルチャー系が多く、店名は村上春樹《はるき》の小説からだろうな。聞こえているしわがれ声はボブ・ディランだ。知らない曲は中期の作品だろう。カウンターの窓から見える雨の夜景はにじんだネオンが幻想的で、ボブ・ディランが心にしみてゆく。京都だなー。

また来よう

腹ごなしにかなりゆっくりして、今回最後の気持ちで仏光寺のバー「ロッキングチェア」へ向かった。こちらは慎重に地図通りゆくと幸い見つかり、立派な門から玄関に入る大きな民家改装のバーだ。

傘を外に置き、ほどよく混んでいるカウンター端に座る。玄関脇《わき》の、もと応接間のような部屋には暖炉があり、前にロッキングチェアが三脚置かれる。「K家」など町家改装のバーはわりあい多いが、ここは商家ではなく大きな住宅だったようだ。二階を吹き抜けにした高い天井は落ちつき、放り出したようにあまり手を入れていない坪庭がかえっていい。

ボンベイサファイアを使ったジントニックは堅実に手慣れた味で、お通しのそば粉百パーセントの揚げそばがよく合う。どなたかの注文で振るシェイクは顔の真ん前に合掌するように手を合わせ細かく上下する「捧《ささ》げ銃《つつ》」型だ。襟つきベストにシルバーのネクタイ、縁なし目がねに短髪のマスター坪倉健児《つぼくらけんじ》さんとあと二人がカウンターに立つ。坪倉さんは二条の「Ｋ６」に四年半いて去年二月にここをオープン、間もなく一年半になるそうだ。

カウンター中央の大きな銀バケツにシャンパンが三本冷え、バックバー中央に置いたガラス扉つきフランス風の豪華な棚家具がシンボリックに視線をあつめる。静かに流れるショパンのチェロソナタ。庭に面したガラス戸は開けて湿気が来るはずだが、空気がカラッとしているのは空調がよいのだろうか。ソファ席の水色夏着物の女性と旦那《だんな》らしきカップルも京都らしい。あちらはシャンパンカクテル「ベリーニ」だ。

ドラマ『相棒』の水谷豊のようにもの静かに落ちついた坪倉さんは自分の理想のバーをつくりあげたようだ。ウイスキーに凝り、蒸留所のオフィシャルボトルで好みの蒸留所を決め、そこの単一カスク（樽《たる》）を飲むのがウイスキーの楽しみ方。ボトラーズ（瓶詰め業者）がカスクを買い取って瓶で出す、熟成中その時だけの一期《いちご》一会《いちえ》が面白いと言う。

手作りビーフジャーキー、クリームチーズの麹味噌《こうじみそ》漬《づけ》、ブルーチーズのあざみ蜂蜜《はちみつ》漬などから選んだ〈ブリアンツァ〉という白かびのサラミソーセージがおいしい。

京都の一週間は楽しかった。なじみの店、一度ながく居てみたかった店、初めての店。どこに入っても楽しみがあり、主人やおかみと心を開いて話し、柔らかな京言葉は気持ちをゆるやかにした。そろそろ最後の一杯にしよう。

「ネグローニをお願いします」

「承知しました」

作りがいのあるものを待っていたかのように、坪倉さんの返事に力がこもる。やがてできた一杯は、大ぶりオールドファッショングラスの赤い酒に沈めたオレンジスライスが華やかだ。

ツイー……。

甘く、苦く、とろりと酔いがまわってゆく。

「ようし、冬にまた来よう」そう決心した。

「京極スタンド」５００円

「前田珈琲本店」３５０円
「食堂おがわ」５０００円
「エレファントファクトリーコーヒー」６００円
「ロッキングチェア」４４１０円

Dash

大西京扇堂
洛風扇

三木鶏卵
だし巻（中）
1本
¥ 630
三木鶏卵
だし巻（大）
1本
¥ 950
三木鶏卵
だし巻（小）
三木鶏卵
穴子巻
1本
¥ 840

冬編

福
福
言祝ぎ

1日目　焼もろこと舞妓《まいこ》さん

歳《とし》を越した冬一月の下旬、再び京都にやってきた。また一週間いる。京都に住んでみたいという願望のささやかな実現、一週間の逗留《とうりゅう》をやはり冬もしてみたい。夏暑く、冬寒いと言われる京都には、またちがう味わいがあるだろう。夏は半袖《はんそで》ポロシャツに裾《すそ》をまくった薄手ズボンの軽装だったが、真冬の今は厚いダッフルコートに手袋と重装備で、防寒タイツも用意した。

昼を過ぎて入ったホテルで今回もパソコンをセットした。仕事の資料も段ボールで届いている。着替えを引き出しに入れたり、洗面具や薬を風呂場《ふろば》に置いたり、しばらく滞在するホテルの部屋を自分に合わせて整えるのは、仲間との野外キャンプで場所を定め一人用テントを張るときほどではないが、どこか楽しいものと知った。おおげさには一週間の新生活の準備だ。

しかし夏の六月からこの半年の間にいろいろなことがおきていた。いちばん大きいのは常宿にしていたホテルフジタの閉館だ。そうとは知らず暮れに予約の電話を入れると、一月二十九日をもって閉館と決まり、名残りを惜しむ常連さんで満室、一週間の連泊は無理と言われてしまった。建て替えでもない単純な閉館でその後のことはわからないと言う。およそ四十年近い昔に京都で初めて泊まって気に入ったホテルに、以来何度来たかわからないが、この間の夏が最後の宿泊になってしまった。フロントの女性の顔を思い出せるが、あの人はきっと淋《さび》しいのではないか。

とはいえ宿をとらねばならない。数ヶ所電話して空室と値段を確かめ、地の利を得るのがいちばん大切と三条烏丸《からすま》にこの部屋をとった。

あとひとつは「食堂おがわ」の火災だ。夏の京都で初めて入り最も気に入った店が、私の行ったおよそ一ヶ月後の七月三十日に二階からの出火で休業したと聞き驚いた。新開店して一年すこしの火災は気の毒としか言いようがないが、小川さんご夫妻はめげることなく、すぐまた再開しますと意欲満々らしいのが救いに感じた。そして暮れの十二月二十四日、もとの店の近所で再開したと知った。今回はまずはそこからだ。

素顔の京女性

前回も散々さがした方向音痴の私は明るいうちに食堂おがわの新店を見つけておくことにした。もとあった小路《こうじ》を西に十メートルほど行くとすぐ見つかり、なんと時々顔を出している居酒屋「喜幸」の隣だ。向かいのおばんざい居酒屋「うすい」も知っている。移転前の、スナックバーの居抜きをそのまま使った白い洞窟《どうくつ》風入口とはちがい、土壁和風、本来ならこう構えるべき和食店の姿で表札は同じものだ。半分開いた玄関戸の奥に山積みの鮮魚スチロール箱と、夜の仕込みを始めている主人が見える。

やや迷って声をかけた。

「今日予約した者です、開店五時半に来ます」

「あ、お名前は？」

「太田です」

脇《わき》の予定表らしきを見て「太田さんですね、お待ちしております」と返事をもらう。人気店の再開に予約は必須《ひっす》と聞き、東京から二週間も前に予約しておいた。火事見舞いは夜言おう。

その夕方五時半。暗くなった小路に、明治風の電灯が店の土壁をぽつりと照らす。

「食堂おがわ」の白麻暖簾《のれん》は前と同じデザインだが、文字位置が左隅から右隅に移ったのは縁起を担《かつ》いだか。

「ごめんください」

「おこしやす」

昼にのぞいたのでにっこりされる。前は六角の半分のようなカウンターだったがこんどはV字だ。すでに予約グループ別に箸《はし》が並び、一人の私は隅に席をとった。ともかく言うことを言わないと。

「去年の夏いちど来た者ですが、新開店おめでとうございます」

「おおきに、ご心配かけまして」

もとの店は二階の空き室から漏電出火、消火で冠水して使えなくなった。ここは空きスナックだったのを二階に住む大家さんが「何に使ってもよい」と提供してくれ、古いソファなどを片づけることから始めて改装した。食器類など使えるものはみんな持ってきた。私の気に入った錫《すず》の燗《かん》付け器も目の前にある。五席ずつV字に向き合うカウンター、小部屋もありいずれ使うそうだ。全体には広くなり、前の極小店の店の客も手伝い合う雰囲気にも魅力があったが、まあこの方がゆったりできる。壁隅にピン留めした「小川食堂様　祝開店　えんを大切に」の筆字が流麗だ。

「良くなりましたね、災い転じて福となす」

「みなさんそう言やはります」

女性の変わらぬにこにこ顔がうれしい。聞きながら苦笑する主人は、V字カウンターの先頭に二尺の大俎板《おおまないた》、横にも同じのを一枚据え、両側から見られる仕事場に立ってさらに気合が増したようだ。余った木なのか太い角材をそのまま台にしているのがいい。大俎板の下は薄い箱に包丁がずらりと並ぶ。若いとはよいことだ。火事なんかなんのその、新開店時の意気込みをそのまま、いやさらにふくらます意気がいい。

和紙らしきものを本のように綴《と》じた中から一枚ずつ剝《は》がして鍋《なべ》で煮ている。

「それは何ですか？」

「鯖《さば》寿司の昆布《こんぶ》です」

「あ、白板昆布」

「そうです」

鯖寿司に最後にかぶせる透明な昆布だ。こうなっているものとは知らなかった。

「昔は鍋に十円玉入れたんですよ、銅が昆布を浅緑色に染めるんです」

今は食品衛生法で禁じられたが、昔の職人には続けている人もいるとか。「すみません、まだ今日の支度が終わらなくて」と申し訳なさそうに笑って言うけれど、昼から始めているのは知っている。もちろん早朝は仕入れだろう。本格和食を一人で支度するのはたいへんだ。

「リョーコちゃん、こっち来て」

「はーい」

手の離せない主人が呼ぶ。息ぴったりに返事をした女性の方はやはり奥さんでリョーコさんというんだ。カウンター内は簀《す》の子《こ》を敷き詰め、おそろいの黒Tシャツ、黒前掛、黒足袋に、主人は料理人草履。奥さんは忍者風の黒い地下足袋で内側の赤い花柄が粋だ。

「地下足袋がすてきですね」

「新京極のSOU・SOUで売ってます、豹柄《ひょうがら》とかいろんなのがかわいいんですよ」

仕事にとても履きやすく三ヶ月に一足替えるそうだ。

さて注文。前と同じように黒板に品が書かれる。生もの珍味いろいろあって、ごはんもの〈じゃこごはん・ぐじごはん・牡蠣《かき》しょうがごはん・すっぽん雑炊・さばずし〉は今回は何かとりたい。汁物の〈あかだし＝S一〇〇円・M二〇〇円・L三〇〇円〉が面白く、〈もちくじら白味噌椀《しろみそわん》〉〈鴨《かも》にゅうめん〉も良さそうだ。腹に余裕を残さねば。

伏見の酒「蒼空《そうくう》」のお燗で、まずは京都のあての代名詞〈きずし〉でプロローグ。

脂《あぶら》ののった時期の寒鯖を食堂おがわ風はいかにするか。

届いた三切れは、化粧包丁三筋のエッジがきりりと立った上に大根おろしを雪のようにたっぷりのせて甘酢がかかり、さながらアルプスの雪の如《ごと》し。甘すぎずさっぱりとキレのよいきずしだ。好物〈ヨコワ造り〉は真っ赤と白っぽいピンクの背腹盛りが美しい。出汁《だし》のきいた〈焼椎茸《しいたけ》と菊菜のおひたし〉に京都に来た感がつのる。さて〈だし巻〉だ。

「玉子はふつう三つですが二つにしときまひょか」

「うんそれで」

いろいろたくさん食べそうな腹を読まれたか。

私は料理やカクテルを作るのを見ているのが好きで、そのためにカウンターに座る。座敷やテーブルしか空いていなければその日はやめる。だし巻は玉子二個を割り、もうれつにかき混ぜるが、アクションが二つあり縦横方向を交互に繰りかえす。出汁を入れ、その段階で指で味をみる。濃すぎたのかもう一つ玉子を割入れ、また味をみる。焼くのは奥から手前に巻き寄せ、まとまると奥へもどす関西流で、それを三度繰りかえして巻きが太くなり、巻簾《まきす》を乗せて返して手に取り、熱々を切り、添えた大根おろしにちょんとたれを少しかけて届いた。

「結局玉子三個？」

「いえ、（玉子液を）残してあります」

なるほどな。そのだし巻は軽く上品なのに味がほどよくまわり、玉子好きの女性は必殺だ。

隣に来た四人は、年上の女性が若い男女三人を連れてきたようで、料理は五千円のおまかせで頼んだ。何が出るか興味がわきちらちら見ていたが、造り盛り合わせ、茶碗蒸し、うどてっぱい、などが続き、「もろこ、いきます？」と声がかかった。小魚〈もろこ〉こそ冬の京都の珍味。琵琶湖の淡水固有種で古代から変わらずにいる魚を、昔大津で初めて素焼きで食べた時は、古代人はこの味を味わったのかと深遠な気持ちになったものだ。

「ぼくもそれ」

すかさず便乗注文、この店のコツを思い出してきた。一人で大勢の注文を切り回すのだから仕事の重複を減らしてあげねばいけない。

「ふつう一人六尾ですがいいですか」

「いいとも！」

一尾八センチほどのを六つ、目に金串《かなぐし》を通して尺塩《しゃくじお》を振り、天火に初めは縦にぶら下げ、頃合いを見て水平に置き替えるのは、まず上からの熱で頭を焙《あぶ》り、次に身を焙るためだ。脂を含むであろう水分が頭から尾にしたたり流れるのが見える。中指ほどの半透明のもろこは掌《てのひら》にながく置くだけで弱るというほどデリケートな魚で、下手すればあっと言う間に燃えてしまうようなものだ。それをおよそ十分もかけて焼く。

ようやく頃合いになったらしく、ここで焼いた魚をいったん取り置く例の菓子箱木《き》蓋《ぶた》が登場、そっと金串を抜く。三尾三尾と重ね「このままでもいけますが」と言葉を添えてぽん酢小皿もついた。

指でつまんでカプリ。

外の皮だけが振り塩をまとってパリッと焼け、身はうっすらと脂がしみわたり、小《しょう》なりといえどもなんと滋味深い完成品だろう。細かなウロコのおいしさよ。これぞイノセントな魚の祖形、ああ冬に来てヨカッタ。酒がじんわりとうまい。

主人の手が空いたようだ。

「何もかも変わってなくて安心です」

「ありがとうございます」

正面には京都でよく見る火伏せ札〈阿多古祀符《あたごしふ》　火迺要慎《ひのようじん》〉が貼《は》ってある。

「お札貼ったじゃない」

「前もあったんですよ」

「だから半焼で済んだ」

「やっぱりもらい物でなく、自分でもらいに参らなあかんですね」

もう大丈夫。

「ご主人は京都？」

「いえ、博多です、(彼女は)同級生」と奥さんを見る。

「初恋を通したんだ」

「途中、ありましたけど」

笑って涼子さんが答えた。小川真太郎・涼子。なんと清々《すがすが》しい名前だろう。

隣の女性客は日本酒に詳しく「今日は滋賀の酒特集」と、黒板にない酒をどんどん注文している。「次は喜楽長《きらくちょう》」「あ、それ、僕もいいですか？」「あらどうぞ」。

その喜楽長はなかなかフレッシュでおいしい。

「これは新酒かな、初しぼりですか？」

「そうです」

日本酒に詳しいその方は主人と知り合いらしく、この店の水は毎朝ポリタンクで近所の下御霊神社《しもごりょうじんじゃ》に汲みにゆくのだそうだ。ご神水一年一万円の契約で、出汁も調理もすべてこれでまかなう。前の店は小さくて置き場がなかったが、今はどんどん置いていると小川さんが言う。早朝の仕入れ、昼の下ごしらえだけでなく、水汲みも支度に入るんだ。

女性客の連れた娘さん二人は姉妹なのかよく似て、いかにもしっとりとした京都のお嬢さんだが、料理よりも互いのおしゃべりに夢中なのはやはりまだ若い。玄関を開けて入ってきた貫録の女性五人がしばらく店をじろりと見回した。

「よかったんやないの」

火災後に初めて来た開口一番のようだ。V字カウンターの向かいにならんで座ったうちの年配三人は和装の髪に今は簡単なタートルセーターだが普段は着物と、背筋の伸びでわかる。あとの二人はもう少し若く、日曜の今日は自分の店が休みでそろって食事に来たらしい。それぞれしばらく品書きを眺めて注文した。

「私はタコ」

「ヨコワ、脂ののってないとこ」

「私はのったとこ」

「はい姐《ねえ》さんは脂のとこ、こちらはないとこ。独活《うど》は？」

「独活はいらん」

「だし巻、玉子少なめ」

「焼酎《しようちゆう》薩摩乃薫《さつまのかおり》、水割り」

「はい、わかりました」

小川さんはコワい貫録姐さんには逆らわないに限ると、無口に仕事に徹するのがおかしい。姐さん方は老舗《しにせ》の料理屋さんだろうか、着物を脱いだ普段の姿を見るのも観光シーズンではない冬の京都の素顔かもしれない。カウンターに京女三代がならんだ格好で、むさい男一人の私は小さくなる。そろそろ最後にしよう。

「すみません、すっぽん鍋」

「はい、おおきに、あと雑炊にもできます」

鍋は時間がかかると思いきや熱い土鍋に出汁と具を入れ、ものすごい高熱でゴーと煮るとすぐできた。グラグラと煮え立つ、すっぽん・葱《ねぎ》・焼丸餅《もち》の鍋が鎮《しず》まるのを待ってまずおつゆを一口。それからは無我夢中。おつゆは一滴も残らずこれでは雑炊はできない。

「あと、鴨にゅうめん」

せっかく冬の京都に来て、楽しみな店に心残りはしたくない。支度を見ていると私がいつも取り寄せて使っているのと同じ素麵《そうめん》だ。

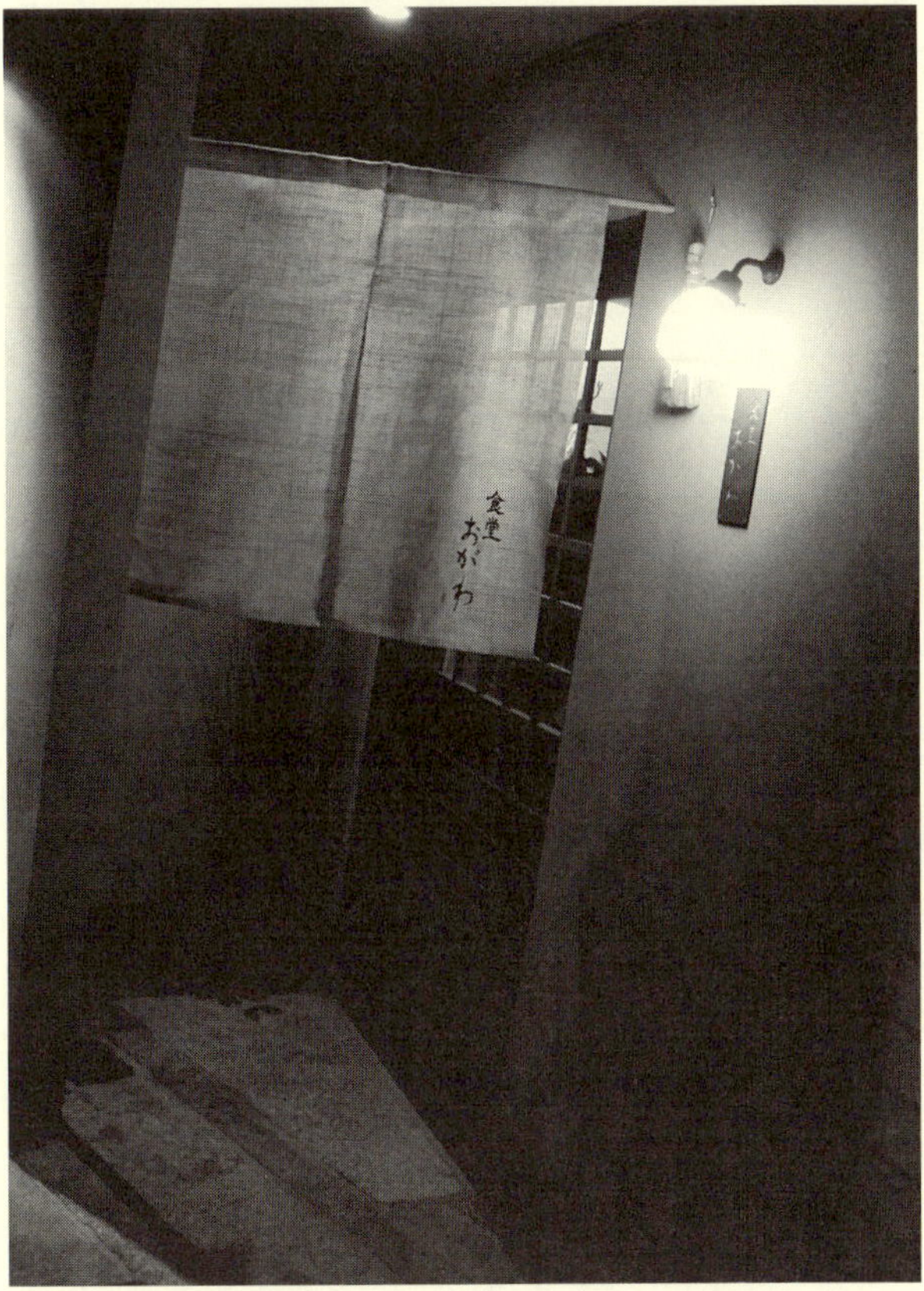
食堂
おがわ

「徳島半田の素麵ですね」

「そうです、これおいしいんですよ」

なんだか味覚を認められたようで嬉《うれ》しい。浅い鉢に鴨と青葱のにゅうめんはすっきりとしたおつゆで、こちらは五分で完食。もう言うことなしになった。

今日はながく居た。主人の仕事は「そのつど包丁を拭《ふ》く」「そのつど俎板を替える」「そのつど必ず味をみる」の「そのつど三つ」だ。注文は各種多いのに仕事は決して慌《あわ》てず余裕がある。奥さんは変わらずにこにこと、広くなった新しい店をよろこんでいるようだ。ああ京都に来てよかったとはやくも感慨がわいた。これは後で知ったことだが、主人・小川真太郎さんは、京都で予約がとれないと評判の割烹《かっぽう》をはじめ名店で修業をかさね、食通の間ではその頃から顔を知られていたそうだ。

「ごちそうさま」

「まいどおおきに！」

涼子さんが玄関まで送ってくれた。

豆千社札をいただく

さて、やっぱり「祇園サンボア」かな。

「こんちは」

「おいでやす」

バーのよいのはいつ行っても同じところ。オーナー中川さんの顔を見て、ベージュカバーの丸椅子《まるいす》に座るとすぐ夏の続きになった。スコッチのハイボールで頼んだウイスキーは「クレイモア」、お通しはポテサラだ。

京都には、祇園甲部《こうぶ》、祇園東、先斗町《ぽんとちょう》、宮川町、上七軒《かみしちけん》と、五つの茶屋街がある。昔は島原もあった。

「祇園甲部は赤地に白い串団子八つ、先斗町は千鳥《ちどり》、宮川町は三つ輪、あと何だっけ」

私が聞くのはそれぞれの丸提灯《まるちょうちん》に入るマークのことだ。

「さて、そう言われると」

「上七軒は五つ団子やったかな」

答えたのはカウンターの一つ離れた隣に座る先客。グレーズボンに気軽なニットカーディガン姿は近所のご常連か。そこになんと舞妓さんが一人入ってきて彼の向こう隣に座り、中川さんに「おめでとうさんどす」と挨拶《あいさつ》する。

「なにか軽いものおくれやす」

「こんな小さいの？　長いの？」

中川さんが指で示すのはグラスの大きさで、小さいのはアルコール度の高いショートドリンク、長いのはソフトなロングドリンクだ。「長いの」で作った一杯は朱鷺色《ときいろ》に緑のライムが沈んで、華やかな舞妓衣裳《いしょう》によく似合う。手でかくすように口へ。

「おいしうおす」

へえ。顔を見たいが横を向いてのぞき込むわけにはいかない。しかし正面の鏡に映り、小柄丸顔のそれはそれはかわいい舞妓さんだ。とはいえ視線はわかるもの、いつまでも見てはいられない。呼んだ旦那《だんな》は舞妓が来てもはしゃぐわけでなく、隣に座ってくれていればいいんだと落ちついたものだ。中川さんは舞妓の来店に心はずませている私を見抜き、カウンター端に置いた私の書いた本の祇園サンボアのページを開いて舞妓さんに見せた。

「こちらはこの本を書いた方です」

不意のことに私は慌て、舞妓さんにぺこり、その客にもぺこりと頭を下げた。

「ああ、益田は私の故郷や」

舞妓さんが声をあげたのはその本で島根県益田を訪ねたページだ。

「益田のご出身ですか、あそこはいい所ですね」

「中学までいましてん」

「学校の裏がため池でしょう」

「そうそう、よう知ってはる」

「この人は宮川町のふく愛さんで、姉のふく光《てる》さんと姉妹舞妓。姉は芸妓にならはった」

　お客さんが教える。やがて二人は席を立ち、お客さんが勘定している間に舞妓さんは帯の間から豆千社札《せんじゅふだ》をとりだした。

「ふく愛どす、よろしうおたのもうします」

　中川さんに外まで送られ二人は出て行った。いただいた豆千社札は、水色地に桔梗《ききよう》紋《もん》白抜きで〈宮川町ふく愛〉とある。

「宮川町で評判の、実の姉妹の舞妓です」

　戻った中川さんが言った。

「出したカクテルは何ですか？」

　ははは と笑い、オレンジジュースとパイナップルジュースにパッションフルーツのリキュールをほんの少し、「酒といえば酒ですが」と言い足した。美人舞妓とお話しした。なんだか幸先《さいさき》がいいかもしれない。縁起がいいからもう少しここに座っていよう。

日曜なのに次々に客が来て中川さん以下三人は大忙しだ。日曜だから混んでいるようでもある。私の隣に玄人《くろうと》筋とおぼしき年配女性と若い娘が座った。ともに普段着だ。

「はいお疲れさん、疲れるやろ」

「ええ、大丈夫どす」

何かのグラスをチンと合わせた。

「〇〇さんも来《き》やはった？」

「ええ、疲れなはったみたいで、お車呼んで帰らはりました」

「うさぎと、はなと、若いのと、男さんもいやはったろ」

「十一時半すぎくらいに来やはって、二時半まで」

「二時半！　ツルさんも？」

どうやら昨夜のお座敷の話で若い娘は新入りらしく、断片的に会話が聞こえる。

「牛乳やったら太るけんな」

「お母はんはどうしやった？」

「水でうすめるとかな」

「休みのときは寝る、寝るがいちばんや」

「うん寝る、これ飲んだら寝るわ」

お母はんは煙草《たばこ》を出し、「ライターあらへん?」と声をかけ、中川さんは「はい!」と答えて両手をさし出して火をつける。さきほどの舞妓にもこちらの方にも別格に丁寧なのは、京都を支える人への同業者の心得だろう。観光時期ではない冬の京都の日曜の夜に、普段の京都の内側がすこし見えたような気がした。

十時をすぎてやや腹が空き、木屋町を上ってゆくとうどん屋「美よし」の灯がついていて、やれうれしやと入る。最近夜おそくも営業するようにしたそうだ。老主人でなく息子さんが台所に立つ。〈きざみきつね〉でほっとひと息。この時間に女性二人客も来て繁盛《はんじよう》している。丼《どんぶり》を返しに来た人が「二十六日お昼に、お婆《ばあ》ちゃんに鍋焼き出前ね」と頼んでいる。「へえ二十六日、やっときますう」こちらのお婆ちゃんが答えた。

「食堂おがわ」7700円
「祇園サンボア」3937円
「麺房美よし」650円

2日目　九条葱《ねぎ》とホットバタード・ラム

イノダコーヒ三条店のいつものカウンターへ。京都生活の始まりだ。新聞も読み終えぼんやり見ているうち気づいた。ここはカウンターも、下の足乗せバーも、中のステンレス作業台もすべて同心円の曲線で、合板やステンレス板は四角だから、曲線に切ればかなり余分が出る不経済だ。カウンター木部の曲線の連続は面倒で職人泣かせだったろう。店の中の島だから水道も排水もガスもすべて床下をくぐって届かせるのも一工事だ。でも作ってしまったんだと感心した。ひまだとこんなことにも気づく。

今日の昼は「大黒屋」の〈ねぎそば〉にしよう。京都の冬には冬だけのものあり。九条葱を使うねぎそばは一月下旬から三月初めまでと聞いた。大正五年創業の老舗《しにせ》・大黒屋は昨晩おそく入った「美よし」の筋向かいで、紅殻色《べんがらいろ》の壁が目立つ大きな店だ。

厨房《ちゅうぼう》に大釜《おおがま》がもうもうと湯気を上げている。

卓の解説によると九条葱は、秋に種を播《ま》き、春まで苗床で育てたのち仮植え。夏に株を掘り起こして天日に当て、八月下旬に畑に本植えして冬に収穫する。つまり、苗床→仮植え→本植え→収穫と一年以上かかる。浪速《なにわ》の原種を九条地区に移植し、夏暑く冬寒い京都の気候と京野菜の技術が育てた。収穫期の厳寒がつくりだす厚い「ぬめり」の甘味と柔らかみが売りだ。大黒屋のねぎそばは、葱専門農家の最も格上の「黒」とよばれる品を使うそうだ。

届いた小丼《こどんぶり》は熱々のそばに、太さ三センチ、長さ五センチほどの筒切り九条葱の白茎と青茎がお餅《もち》のような焼麩《やきふ》をはさんでならび、堂々たる存在感だ。まずしっとりと柔らかそうな青茎から。「あちち！」ぴゅっと抜け出たぬめりの熱さに口から出し、今度は慎重に嚙《か》む。葱の香りが移ったおつゆがおいしく、一滴残さずいただいた。結構でしたが男の昼飯にはやや足りなく、錦小路《にしきこうじ》の「まるき」へ。

まるきのおかみさんが「昨日はすんまへん」と言ってくれたのは、昨日十二時過ぎに来たが満員で、「後で来ます」と言い残して出たからだ。しかし空腹に我慢できず別の有名店で親子丼を食べ、そこはおいしくなく、冬の京都の巻の最初のメシは失敗だ、京都でもハズレの店はあるんだ、やはり待っても「まるき」に入るべきだったと、今日またここに来た。「腹へってたので別の店に入ってしもた」とおかみさんに言って笑われる。

午後をだいぶ過ぎて今は空いている。昔ながらの石油コンロの大やかんにお湯が沸いているのがいい。注文は〈木の葉丼〉。細切り蒲鉾《かまぼこ》を玉子でとじて海苔《のり》ぱらり。親子丼ほど重くなく、昼飯追加に手ごろだった。

腹ごなしに歩いて大きな書店へ。なにか京都本でもと手にとった『京都花街の名店』（青幻舎刊）の表紙写真は、なんと昨夜祇園サンボアで会った舞妓・ふく愛さんだ。桃色の着物に黄緑のだらりの帯、赤い蹴出《けだ》しに高いぽっくりの舞妓正装でにこやかに歩いている。最終ページにはさらに大きな写真で紫桔梗《ききよう》の髪飾りも見える。いただいた豆千社札も桔梗だったから家紋かな。〈プロフィール／宮川町の舞妓。姉は同じく宮川町の芸妓ふく光。美人姉妹として知られる〉。インタビュー「宮川町ふく愛さんに聞く」には〈舞妓になって四年、やっと街のことも少しずつわかってきました。街のみなさんは、うちら舞妓のことを、自分とこの子やと思うて、いろいろ教えてくれはるし、また可愛《かわい》がってくれはります……〉。

発行日は去年の十月で最近の写真だ。夕暮れの宮川町路地に立つふく愛さんは、まさに絵に描いたような愛くるしい舞妓姿。写真も手に入れましたの気分で本を買った

No.6
561-0413

のは言うまでもない。

冬の小鍋《こなべ》立

祇園新橋、朱色の柵《さく》が鮮やかな辰巳《たつみ》大明神祠《だいみょうじんし》の右の黒板塀の間を入る「小鍋屋いさきち」は真冬の今に最適だ。老舗料亭で修業した主人は奥まった小さな店になにか特徴を出そうと、出汁《だし》さえきちんと引いておけば組み合わせで楽しめる小鍋立を考えた。

鍋大好きの私だが、大勢で鍋でも取ろうとやるとだいたい失敗する。鍋といえども立派な料理、順序も食べ頃もある。そこで登場する鍋奉行だが、他人の指揮下に入るのは潔《いさぎよ》しとしない。また一見豪華な具沢山の寄せ鍋がいちばんつまらない。鍋の具はきっぱり二種まで、もう一種入れても豆腐まで。一杯やりながら一人一鍋をマイペースでじっくり楽しむ小鍋立が鍋の神髄、他人とつつきあうなどもってのほかだ。

「こんちは」

「いらっしゃい」

海老茶《えびちゃ》の作務衣《さむえ》と鉢巻がトレードマークの主人と若いの一人。胸の赤いタコ人形が愛嬌《あいきょう》だ。私を憶《おぼ》えているようでもあり、そうでもないようでもあり。まあいい、ゆっくりやろう。

酒を頼んで、お通しは〈鯛《たい》の南蛮漬のみぞれ蒸し〉。料理名を知っているわけではないが品書きにある。温かい出汁と大根おろしの蒸しものは手間がかかる料理だ。茶碗蒸し、ぐじ酒蒸し、そば蒸し、骨蒸し、赤飯蒸し、生ウニとろろ蒸し、と蒸しものはいろいろある。ここは小鍋のほかにも酒の肴《さかな》が豊富で、それだけで飲んでもじゅうぶん使える店だ。おばんざいの〈小鰯《こいわし》煮〉は針生姜《はりしょうが》がきいておいしい。

さて鍋。鍋は「青物と何か」の二種組み合わせが基本で、「具は単純をもって粋《いき》とする」私の理想が当店で「完璧《かんぺき》に」実現する。年中あるのは、アサリと大根、しじみと大根、水菜と揚げ、三つ葉と茸《きのこ》、きんぴらと鶏《とり》、じゃがいもと鶏、にらもやしと鶏、など。鶏はすべて豚とどちらかを選べる。さらに湯葉鍋、鯛しゃぶに、季節の牡蠣《かき》鍋、雲子鍋、ブリしゃぶもある。

初めてここに入り喜んだのは、池波正太郎『剣客《けんかく》商売』に出てきた〈アサリと大根〉の小鍋だった。主人は池波正太郎が小説に書いた小鍋はすべて試し、これだけが残ったという。他は食材が保存できなかった時代の工夫で、今は新鮮な食材でもっとおいしく作れるそうだ。ふつふつ煮える大根千六本にアサリがカパッと開いたらすぐ口に運ぶ。しっとりと色っぽいアサリと、しゃきしゃきとほの辛い大根は対照の妙だった。

鍋を注文すると、カウンターに一人ずつ据えた電磁ヒーターに出汁を張った小鍋を置き、火力は主人が手元で調整する。出汁は惜しみなく追加されて煮詰まることはない。私の隣に座った女性四人組は、雲子鍋、湯葉鍋、九条葱と豚、ブリしゃぶ、とみごとに四人四鍋だ。雲子鍋はぽん酢、豆乳の湯葉鍋は最後にニガリを打つと豆腐ができた。

私のすぐ隣の女性は、今年は豊漁と聞くブリのピンクの切身を盛大に盛ったブリしゃぶで、えのき茸《だけ》や青物、紅葉麩、豆腐も沢山の豪華鍋だ。主人は「まず、ごんぼ入れて、そのあとブリをしゃぶしゃぶしてください」と張り切る。その通りにすると牛蒡のいい匂《にお》いが漂い、みごとに大きな腹身をしゃぶしゃぶするとたちまち脂《あぶら》がパーッと散り、大根おろしと一味で食べるのはじつにうまそうだ。

しかし私は男一人、渋さにこだわって頼んだのは〈九条葱と鶏〉。緑の九条葱、ピンクの鶏肉、白い豆腐を、黄金色《こがねいろ》の出汁がふつふつ煮える小鍋に案配よくならべた。

「きれいなお鍋ですね」

隣の女性から声をいただく。じろじろ見たのを気づかれていた。

華やかなブリしゃぶの誘惑を断ち切って決定した〈九条葱と鶏〉は狙《ねら》い通り渋く粋。ぬめりのある九条葱の青と白を自分の好みで煮え加減できる鍋はやっぱり楽しい。隣の女性にひと口お分けしたいがそうもいかない。最後のおつゆも椀で飲み干して終わり。これが小鍋立のよいところで、いつまでも置いておかずさっと食べ終え、すぐに「はい、下げて」と言う。大鍋が残ってぐちゃぐちゃ煮物になってゆくのは粋ではない。初めて来た時は〈アサリと大根〉を終えるとすぐ〈水菜と揚げ〉を注文し、主人は鍋好きの客だなというように私を見た。

さて鍋を下げて酒にカムバック。時期の鱈《たら》の若い白子〈焼くもこ〉は香ばしい醬油《しょうゆ》焼がねっとりとおいしい。鱈の白子は冬の東北・北海道では「タチ」と言って随一の御馳走《ごちそう》だが、あちらのは巨大でかなり濃厚、精はつくが（それでタチと言うとか）私にはややヘビーだ。その点、京都の雲子は、ほどよく若くきれいだ。大年増より十九娘の色気。それと〈ナマコ酢〉で冬極まれり。ああ京都の冬はいいのう。

「今回は何ですか？」

あれ、主人は私を憶えている。

「いや、冬の京都を……むにゃむにゃ」

小鍋屋いさきちはカウンター八席にほんの猫の額の小上がり席だけ。じつに見つけにくい店だが開店して十年をすぎ、深夜三時までの営業もあって定客がついた。水もしたたる着物の芸妓さん二人連れが隣に座り、若手がお姐《ねえ》さんに小鉢に取り分けているきれいな光景も見た。

料理人を志した主人は京都の名料亭「たん熊《くま》」に入った。名前は「勇」だが徒弟社会の料亭板場は本名ではなく「○太郎」や「△吉」になる。主人は「いさむ！」ではなく「いさ吉！」と呼ばれ、その上にいつも「コラッ」がついたと笑う。自分の店を持つことになり名を考え、結局それにした。

「今ではええ名前や思てます」

鍋はなんと言っても昆布《こんぶ》が命。利尻《りしり》の等級一番二番を使うが、一番は値が高いのでそれの短いのを買う。北方領土を一つでも返してくれたら昆布はいっぺんに豊富になる。今の昆布は昔のようにスーッと一回ではなく、よく煮て出汁を引くそうだ。

その出汁をすべてのベースに、春は筍《たけのこ》と水菜、夏は鱧《はも》しゃぶ、蓴菜《じゅんさい》。蓴菜は冷やしとろろに浸けて食べ、ぬるぬる同士で精がつく。開店当時は水菜と揚げがよく出て、最近は湯葉鍋が人気だそうだ。夜遅くなるとアサリと大根、しじみと大根が出るのは飲んだあとにおいしいからかもしれない。

「みなさん周りの鍋を見て注文しますね」

他人の鍋はおいしそうに見える、私もそうだった。

女性四人グループは感心するほどよく食べる。奥の一人がブリ大根を注文し「それはおすすめです」と言いたくなった。一度煮てよく味のしみた大根とアラではない本身のブリを、縁が黒く焼け焦《こ》げた掌《てのひら》ほどの超小型土鍋でグラグラに煮て、山盛り青葱に粉一味をどっさり振る。濃厚な旨味《うまみ》はやはり熱いからだ。

「お・い・し・い！　おにぎりください！」

あまりによく食べる若手に隣のブリしゃぶの女性と私は顔を見合わせて笑った。その方は理知的な美人で言葉遣いがきれいだ。

「わたしの友達が、京都は冬が一番と言ってまして」

「あ、ぼくもそれで来たんですよ」

しばらく話がはずんで楽しい。

お先にと勘定台に立つと、紺の着物にグレーのマフラー、足袋に下駄の男が、赤ワインの首にタオルを巻いてぶらさげ、一人で入ってきた。冬は持参の赤ワインを小鍋立で一杯。京都の遊び人はんでんな。

レッドバイキング

表に出た辰巳大明神の朱赤の柵に、芸妓や茶屋の寄進名にまじり「小鍋屋いさきち」の名もある。盛り花を届ける自転車がゆく。料亭の灯が白川の流れに映って揺れ、艶《つや》っぽい夜の空気はやはり祇園だ。

南へ四条通を渡った花見《はなみ》小路《こうじ》の右路地。茶屋割烹《かっぽう》風の白暖簾《のれん》、白木格子《ごうし》の引戸を開け、さらにもう一つドアを押すと、「ぎをんフィンランディアバー」だ。

自然の形を生かしてゆるくカーブした長い木のカウンター、ガラスを多用したバックバー、ゆったりしたソファ席など北欧風の清潔なインテリアは、純和風の玄関からは想像できない。開店して三十年ほど、家はもとお茶屋で二階には団体用の和室サロンもあるそうだ。

「いらっしゃいませ」

「レッドバイキング」

「承知しました」

私の一番好きな洋酒は、じゃがいもの蒸留酒アクアビットだ。語源は〈生命の水〉。昔横浜で、ノルウェー人の船員が船を降りて開いた船員バー「ニューノルゲ」に入って初めて飲み、とりこになった。当時は若く、アルコール四十度以上のをストレートで二杯くらい飲んでいた。そのアクアビットとライムジュースのカクテルがレッドバイキングだ。使うアクアビットはデンマークのトップメーカー「オールボルグ」。シェイクして注いだオールドファッショングラスのダイナミックなカットは北欧ガラスかもしれない。白シャツにネクタイのバーテンダーは胸前で思い切りのよいシェイクをする。

「うまい」

「ありがとうございます、いらっしゃいませ」

目を見ていらっしゃいませを二度言うのは私を知っているようでもある。

「あなたが高山さんだっけ？」

「いえ」と西脇《にしわき》の名刺を出す。ここはバーテンダーが大勢いて、以前会ったのは確か高山さんといった。この際、誰々がいるのか聞くと、去年に新店「ザ・コモン・ワン・バー京都」を作り、高山、世古の二人はそちらに行っているそうだ。

「ああ世古さん」その名も覚えがある。新店は祇園新橋だそうで今まで飲んでいた所だ。

フィンランディアはもともと三十五年ほど前に開いたフィンランドレストランなのだそうだ。大使館に相談に行き、つけてもらったという名はシベリウスの大曲「フィンランディア」を思い出させる。その二号店として開いた。サロン的な雰囲気がいい。西脇さんは落ちついて自信にあふれた仕事だ。

もう一杯飲み、玄関外まで見送られて歩き始めた。まだ中に入らずに見送っているのを背に感じる。石畳路地は暗く、夜空が見える。うどん屋「萬屋《よろずや》」の灯がまだともっている。

「こんばんは、まだいいですか」

「おおきに、どうぞ」

ここは〈ねぎうどん〉が有名だ。玄関脇《わき》に九条葱の箱がどっさりある。中細うどんを覆《おお》う青葱に黄色のおろし生姜がアクセントでピリリと利《き》く。食べても食べても尽きない葱よ。今日は〈ねぎそば〉〈九条葱と鶏の鍋〉〈ねぎうどん〉と葱づくしになった。

店がワカラン

さて帰って寝るか、いやまだ帰らない。冬の京都二日目にしてギアが入ってしまった。居酒屋「たかはし」に行ってみよう。ここも京都ミニマリズムの木島徹設計の店で、二度入った。方向音痴の私は京都地図をつねに携帯している。「たかはし」も地図に記入してきた。四条通「ルイ・ヴィトン」の奥へ入っていったあたりの外階段ビルの二階か三階だ。

——それがワカラン。酔った記憶はあいまいだが、地図通りの場所を三往復、周りの筋もそれぞれ百メートルも歩いたが断念。敗北感にうたれて元に戻り、ひょいと、ここは関係ないと見過ごしていたビルを見ると二十センチほどの板に小さく「たかはし」と書いてある。階段もある。ここならば正しく地図の場所だ。外階段を二階に上がり、さらに安マンションの屋内階段みたいなのを三階に上がると鉄の扉に「たかはし」。ああ、ここか、全くワカラン店だがやれやれとドアを引くが開かない。よく見ると小さなメモ「日月と二日休みます」。なんだよー！　おいらは名刺に「また来る」と書いてドアの下にすべり込ませ、さらに敗北感ふかくとぼとぼと階段を降りた。

しかし場所はかんぺきに憶えた。こうして失敗しながら人は育つのだと気持ちを鎮《しず》め、タクシーでバー「酒陶　柳野」へ。こんどは自力ではなく地理には定評ある京都のタクシーに地図を見せて安心だ。窓の外を四条通の灯が流れてゆく。車は楽だなー、いささか歩き疲れた、今夜は柳野を最後に帰ろうと決めた。

「このへんですが」と降ろしてもらったが店がない。おかしいな。広い通りに面していることは確かだ。このコンビニも以前帰りにお茶を買い、覚えがある。

「？？？？？」

冬の深夜のひと気のない路上で途方にくれて立ち尽くした。柳野の電話番号は知らない。夏に一人で来たときはタクシーに住所を言って来れたが、今日はその住所メモもない、地図へは記憶で場所を記入しておいたが、そもそもそれが見当違いだったようだ。頼る人は誰もいない孤独感が身を包む。まさかこんなに遠く、もう別の町に来てしまったと思うほど歩き、自分のしていることがばかばかしくなって左を見ると、ある。確かにある。キツネにつままれた気持ちでドアを押した。

「また探した」

いきなり文句を言う私にマスター柳野さんも苦笑するばかりだ。八つ当たりしてどうする。酒を飲んだ私に地理解読は不可能と、敗北感を越えた絶望感を確信。確信してどうなる。

夏に来た時は相棒の上田さん一人、今日は柳野さんが一人。細いストライプシャツとネクタイの組み合わせが本日もきまる。「夏のときはいなくて失礼しました」と挨《あい》拶《さつ》をいただく。まあやれやれ、いろいろあったがこうしてここに座れた。

ライムをハーフカットでなく、スライスでもなく、「皮だけ」細切りして数本入れたジントニックが繊細だ。正面土壁中央の花挿しは今日は侘助椿《わびすけつばき》一輪。流れる音楽はブラームスらしき悲しげな弦楽四重奏でまったくストイックなバーだ。小さな半紙の肴は、よこわづけ、てっぱい、なまこ酢、たたきごぼう、天ぷら（蛤《はまぐり》・くわい・きのこ・下仁田葱・キス・れんこん・さつまいも）……。

蛤とさつまいもの天ぷらは一つずつで一瞬で食べ終わり、終わった皿はすぐ下げて油のにおいが残らず、こういうのもいいな。では口を洗おう。

「ジンフィズをください」

「かしこまりました」

ジンはゴードン。横にしたシェイカーを、左手を下に、右手を上にはさみ持ち、寝かせたまま上下動する独特のシェイクだ。彼のシェイクを見たくてこれを注文した。

かなり酔って一人しゃべりしていた男が帰り、客は私一人になった。少し話をしてみよう。

「柳野さんは京都?」

「いえ」

大阪の出身で京都の大学にあこがれて入った。三年半アルバイトした「古美術佃」では店番や仕入れ品の傷チェックの日々だったが、佃氏から強い影響を受ける。大学を出てバーを始める時も指導を受け、最初の四富会館で三年、姉小路《あねやこうじ》で七年(ここが長かったと述懐)、五十代までに何か一つ完成しようとここを開いた。

そもそも佃達雄なる人は、写真などいろんなことをして古美術に開眼。若い人の店作りに独自の美学を指導するなど古美術商を越えた活動で、もちろん最後は器も揃《そろ》える。夏に行った「直珈琲」のナベちゃんなど信奉者は多いが、新しい店ができると

「ああ、また佃やろ」と言われたりもする。建築設計の木島徹氏は佃さんが幼い頃から知る間柄で、最近では今最も予約のとれないという祇園南の完全会員制「料理川口」が、佃・木島コンビの仕事なのだそうだ。本阿弥光悦《ほんあみこうえつ》ではないが現代の数寄者《すきもの》アートディレクターということか。

今日はいない相棒の上田さんの奥さんは、京都で知られた木工作家でここの椅子《いす》も作った。腰の低い位置に背が当たる座り心地は自然に姿勢がよくなるうえにマッサージ効果もあり、バーの椅子としてはベストだ。上田さんは近々独立して三条白川橋にバーを開くそうで、二階は奥さんの工房ショールームにするらしい。

深夜の一人客となってよもやま話もいいものだが、そろそろ寝酒にしよう。

「ホットバタード・ラム」

「かしこまりました」

ラムの熱いお湯割りにバターと丁子《ちょうじ》、寒い冬はこれをハンドルつきのグラスでふうふう吹いて温まるに限る。ところが届いた一杯はティーカップだ。

「？　グラスないの」

当店のグラスはアンティークばかりで熱湯は割れてしまうそうだ。そういえば夏に来た時はチェコグラスのナントカと言っていた。では仕方がないが、禁酒法下のアメ

リカでこっそり酒を飲んでいるようでどうも落ち着かない。これでは「おちゃけ」だ。

「じゃもう一杯、ホットウイスキー」

これもティーカップ。

「なんだか悪酔いしそうだ」

文句を言う私にミスター柳野はすまなさそうに笑う。佃センセイ、ホット用のグラスを用意してくんろ。

「イノダコーヒ三条支店」５００円
「大黒屋」８８０円
「まるき」６５０円
「小鍋屋いさきち」８３００円
「ぎをんフィンランディアバー」２６２０円
「萬屋」１１００円
「酒陶　柳野」５０００円

3日目　甘鯛《あまだい》とホワイトレディ

京都の冬は凍えるというが本当だ。山国信州で育った私だが、信州の寒さはどこか湿気の温かみがあるけれど、東京の乾燥しきった空気は今もって慣れない。寒さもいろいろで、東北は「情」のある感じがして清々《すがすが》しい。鍋底《なべぞこ》地形の京都は、なんというか「底意地の悪い」寒さだ。

しかしホテルにこもっていたんでは来た意味がない。今日は西陣に行ってみよう。

京都の人は鶏肉《とり》＝かしわを好むという。東京の丼《どんぶり》の基本は天丼か鰻丼《うなどん》だが、京都は親子丼だ。西陣の名代鶏料理「西陣　鳥岩楼」の開店は十二時。少し早くついたので、すぐ目の前の本隆寺に入ってみた。創設長享《ちようきよう》二（一四八八）年、法華宗《ほつけしゆう》真門流総本山、松葉を枕《まくら》の下に敷くと子供の夜泣きがやむ「夜泣き止め松」があるという。寺の

町京都のひっそりとした冬の境内がいい。鐘撞《かねつ》き堂脇《わき》の大銀杏《おおいちょう》も裸で寒そうだ。夏冬の京都で初めて寺に入った。金閣銀閣など壮麗な庭園の寺もよいが、町の中の小さな寺もまた京都だ。

鳥岩楼の暖簾《のれん》が出た。築百年以上という家の奥まった玄関は打ち水され、上七軒《かみしちけん》の舞妓《まいこ》の団扇《うちわ》が立てならぶ。履物を脱ぎ、中庭を回る渡り廊下から二階に案内された古い座敷は入れ込みに客が座る。小さな卓を囲んだ中年男、女性、私、の知らぬ同士三人は話もなく、熱い茶をすするうちに親子丼が届いた。小さな丼と鶏スープ。もも肉と玉子だけのシンプルな親子丼はとてもおいしい。急須《きゅうす》を熱いのに取り換えに来た仲居さんが「今日は初天神で人が多いどす」ともらす。知らなかった、後で行ってみよう。

表の今出川《いまでがわ》通を西に歩き、千本今出川交差点を渡った左の喫茶店「静香」は昭和十二年に芸妓・静香さんが始めたそうだ。通りに面して斜めの入口の右は、豆タイルに丸いガラスウインドの懐《なつ》かしい煙草屋《たばこ》窓口で、静香さんの顔見たさに煙草買いに通う人もいたに違いない。入口ドアは花の咲く樹に鳥の飛ぶすてきな曇りガラス彫り、店内は黒い腰板に白漆喰壁、豆タイルの床から一段上げて昔の国鉄のような緑ビロードのベンチシートを向き合わせた机席、胸までのハイカウンター、両腕を伸ばしたような吊《つ》りシャンデリアと、昭和初期のモダンがしっとりと落ちついた空気をつくる。「フレッシュ入れてよろしいか」と聞かれたコーヒーはスプーンに角砂糖が二つのり、これも懐かしい。戦後の日本映画でコーヒーに「角砂糖は二つ？　一つ？」「ええ、一つ」と答える場面が都会的な情景の演出によく使われた。

小柄な女主人はかなりお歳《とし》と見えるが、黒ベレー帽に大きなイヤリング、赤い革ズボンにバッジをいっぱいつけたGジャンと勇ましい格好だ。ハイカウンターの中にもう一人銀髪婦人が立つ。カウンター前から太い煙突を伸ばす、背丈ほどもあるレトロなデザインのチョコレート色の石油ストーブはアメリカ・コールマン社製だがあまり暖かくない。故障らしく電話帳を繰っては「コールマンのストーブやけど、ちょっと見てもらえまへんか……はあ……はあ、だめでっか」（ガチャリ）「国産やったら直すって」とはかばかしくないようだ。アウトドア用品で定評あるコールマンは、ランタンなどを私も使っているがそれ以上の知識はなく、ご年配を手助けしたいがままならない。

トイレは赤煉瓦《あかれんが》で囲んだ中庭に別棟で、立派なアーチを背に小便小僧の泉池を置いているのにニヤリとさせられる。昔の人はしゃれている。

奥の席に座っていた剃髪《ていはつ》の大柄の若い男が立ち上がり、荒法師のような袖《そで》たっぷりの紺の着物に真っ黒の綱帯を締め直している。荒縄の鼻緒の下駄に素足。若い僧の寒行だろうか。代金を払い、顔前に片手を立て、出て行った。

上七軒初天神

上七軒の六差路を今出川通から離れて北野天満宮に進むと、花街らしい艶《つや》っぽい雰囲気になってきた。初天神の今日は人通りが多く、お茶屋勤めなのか日本髪の若い着物女性がグループで足早に楽しげに歩き、こちらの気持ちも浮き立つようだ。三月二十五日から始まる「北野をどり」のポスターが貼《は》られ、ポーズをとる五人の舞妓芸妓が華やかに妍《けん》を競う。

〈利休椿に見染められ　ちょっと濃い茶の四畳半　わたしゃ早咲き室《むろ》の梅　ふくささばきは習《なろ》うても　恋の手《て》管《くだ》はまだ知らぬ〉揃《そろ》いの黒留袖裾引《すそひき》姿の芸妓と色とりどり衣《い》裳《しょう》の舞妓が全員揃うという恒例の人気フィナーレ「上七軒夜曲」をぜひ見たい。

それとは対照的に、いかにも若い女性のマーカー手書き花文字の小さな告知は〈二月二・三・四日　上七軒お化け　勝也・勝江・尚そめ・市照〉。もう一枚ピンクの紙は〈おばけおたのもうします！　二月三・四日　梅比沙・梅やえ・梅らく・梅ちほ・梅さや〉として五つの兎《うさぎ》の顔のイラストがかわいい。

「おばけ」は「お化髪」と書き、節分に厄年の人が他人になりすまし厄をおとす風習で、江戸時代から京大阪の花街で受け継がれた。男装、女装、老嬢の振袖《ふりそで》、歴史人物仮装など、グロテスクOKの白塗り変装で鬼を驚かせて退散させる意味もあり、観光閑散期の行事として復活しているそうだ。私も昔、夜おそく歩いていた時、暗がりからきゃあきゃあと歓声をあげて舞妓や女性が駆けてきて、足袋をはかない裸足《はだし》だったり、変わった化粧にびっくりしたことがあった。推察するに冬には冬の楽しみありで、お座敷遊びに無礼講厄払いとしてはちゃめちゃをする名目なのだろう。若い舞妓に若さ爆発のコスプレ変装は楽しいにちがいない。しきたりが厳しければ羽目はずしも用意する懐《ふところ》の深さ。千年の都・京都の魑魅魍魎《ちみもうりょう》は今も生きている。

初天神は特別な日らしく、上七軒の通りは店が台を出して露地売りだ。〈天神さん縁日　鯖《さば》ずしいなり他　店内にあります〉〈本日かしわまむし（鶏丼）吸物付〉〈節分名物福寄せ豆　厄除けぜんざい　綾笠餅〉。菅笠《すげがさ》を二つに畳んだような綾笠餅《あやかさもち》は路上の焼き売りがおいしそうだ。途中の魚屋には〈健康によい節分いわし〉の貼り紙もあった。「鰯《いわし》の頭も信心から」。節分に鰯の頭を柊《ひいらぎ》に刺して戸口に下げ、鰯の臭《にお》いと柊のトゲで鬼を払う。こうしているのを花街で実際に見たことがある。いにしえの行事が残っているのはよいものだ。

見て歩くうちにまた小腹が空いてきた。小丼の親子丼は男の腹にはちと足りない。小体なうどん屋「ふた葉」の店内立ち待ち客に私もならんだ。

ここは昭和四年の創業。天井下には赤い縁取りで舞妓の名がずらりとならぶ。市兆・市まり・さと華・さと龍・さと雛《ひな》。今見た手書き「おばけ」ポスターの、市照・尚そめ・梅比沙・梅やえ・梅らく・梅ちほ・梅さや、もある。街全体が舞妓を大切にしているのがよくわかる。

当店名物〈たぬきうどん〉はかなり濃いとろみ餡《あん》の薄茶色に、黄色のおろし生姜《しょうが》をたっぷり乗せて油揚げと青葱《あおねぎ》がうっすら透け、下にあるはずのうどんは見えない。まずれんげでおつゆ、というかくず湯のように固まったぷるぷるをフーフー吹いてひとくち。

これはうまい。次にうどんをすくうがこちらはまだ茹《ゆ》でたまんまの無味だ。されば と全体をエイヤとまぜてすすると、これでいい。保温のよいとろみはいつまでも冷めず、おろし生姜がきいて汗が吹き出し、途中からは左手にハンカチ、右手に箸《はし》で大奮闘になった。

温まってやってきた北野天満宮はたいへんな人出だ。毎月二十五日が天神様縁日で、一月の初天神、十二月の終《しま》い天神は特ににぎわうそうだ。菅原道真《すがわらのみちざね》公ゆかりの梅はあちこちに開花し、顔を寄せると気品ある匂《にお》いがする。学問の神様らしく入試合格祈願の絵馬、お札がとぶように売れ、「天満書」なる小学生の書き初め展示もいっぱいだ。広い境内には、古着、書画、骨董《こっとう》、雑器、熊《くま》の毛皮まで、露店が軒を接してどこまでも続く。木魚を買う人がいる。私も古盃と、太鼓腹で高笑いする真鍮《しんちゅう》の布袋《ほてい》様を買ってしまった。

西陣の古い居酒屋

夜は西陣・千本中立売《せんぼんなかだちうり》の居酒屋「神馬《しんめ》」だ。現役の京都の居酒屋では最も古いと思われるこの店については何度も本に書いた。おおまかなことだけ繰り返しておこう。

創業昭和九年。建物自体は築百年を越え、大正天皇即位御大典《ごたいてん》で通りを広げた時は曳《ひ》き家《や》して残したという貴重な一軒だ。手前の大きなコの字カウンターから、小さな橋掛かりで奥の一本卓席になる古風なままの広い店内は濃密な空気が圧倒的だ。

西陣は織物の町として栄え、仕事を終えた職人が座り、早仕舞の旦那《だんな》衆はここで下ごしらえして上七軒茶屋に繰り出す。映画全盛期は近くの東映太秦《うずまさ》撮影所のスターさんは上七軒、端役《はやく》やスタッフはこちらでにぎわった。名物は六種の日本酒をブレンドした甕酒《かめざけ》で、十二穴の銅製大型燗《かん》付け器は空くことがなく、一日八斗（！）の酒が出

たという。先代を継いだ二代目主人と姉の二人に、名料亭で修業を終えた三代目の息子さんが帰ってから料理は飛躍的に華やかになった。

「こんちは」

「せんせ、よう来ておくれやす、おーい」

呼ばれて板場から息子さんが出てきた。

「どうしてる？　お子さん」

好漢の三代目は戻ってすぐお子さんが生まれたのはめでたいが、双子さんでタイヘンですと言っていたのはだいぶ前だ。

「もう小学五年で、下も生まれて小学二年。男三人は荒っぽいですわ」

休みの楽しみは、子供たちとキャッチボールや自転車など男の遊びをすることだったが「練習やら野外ナントカで家におらへん、遊んでもらえへん」とこぼすのがほほえましい。

今日のお通し小皿〈シャコ・小海老《こえび》・青柳《あおやぎ》・菜の花・うるい・茗荷《みょうが》〉の色あざやかな春の吹き寄せが目も舌も楽しませる。「何か切りまひょか」「じゃ少し二種ほど」と出してくれた造り盛りは〈ブリとヒラメ〉。ブリは脂《あぶら》がきれい、ヒラメはすっきりした脂の残り香がよく、添えたエンガワもぶ厚い。ヒラメは大きいほどよくこれは四キロ。「目と目の間がこんなにあいてます」と指を十センチほど開く。ヒラメ、鯛は淡路に限り、馬と同じで「血統」があるのだそうだ。

神馬は大衆居酒屋とはいえ魚は超一級ばかりで、市場では良いものには「勝手に」神馬と書いて貼り付けられ、買わないわけにはゆかないと苦笑する。私にはこれがありがたい。還暦をとうに過ぎた身には「人生もうあまり先がない、せっかくこの世に生まれてきたのだから」は大げさだけど、旅に来た時くらいはほんとうによいものをしみじみ味わいたい。

そしてここからが言いたいことだが、このような一級品を出すところは店も高級な雰囲気になり、きれいな着物のおかみや気難しそうな「名料理人」がいて気が張る。身なりもそれなりにして、酒ばかりがぶがぶ飲んでもいられない。京都にそういう店は山ほどある、というか殆《ほとん》どそうだ。

私はそれが嫌だ。一級品は多少値が張るのは承知の上だ、それを私の大好きな昔のままの居酒屋で、値段明記の中から懐に相談して好きなものを頼み、酒も好きなだけ飲み、主人と気楽に世間話して愉快に愉しみたい。老夫婦がカウンターで高級なカニをとり、奥さんはご主人に身をほぐしてやり、自分も食べ、いかにも幸せそうにしている光景を見た。

「さて、焼魚かな」

「へえ、太刀魚、カレイ、のどぐろ、甘鯛……」

甘鯛に決めると、ちょっと包丁入れる前に太田さんに見せたいと三代目が持ってきたのは、五十センチもある超巨大な甘鯛成魚で、アルミのバットに斜めに置いてもはみ出している。ふつう二キロで驚くのにこれは二・六キロ。考えられない最大級は笑っちゃうほどだそうだ。やがて届いた切身の厚さにさらに実感する。充実した脂のもつ品格は殿様型の鯛とはまたちがう若武者の男伊達《だて》だ。京都ならば甘鯛、その最高品を味わっている充実感に満たされる。

「冬はいかがですか」

「今はほっとしてます、正月前は地獄ですわ」

それは注文を受けて各地に発送する〈おせち〉の仕込みだ。そのため十二月二十六日から休むのでお客さんにハワイでも行くんかと皮肉を言われるが大ちがい。その前から材料を仕入れ、下ごしらえして真空パックなど準備を始め、二十六日からいっせいに火を使う仕事に入る。入れる種類は五十はあるが数えたことはない。いちばん難しいのは例えばイクラ八キロとか仕入れる量の読みで、おせちはぎゅうぎゅうに詰めてこそ見栄えて、材料は思った量よりもかなりかかる。去年「わが家用」に残ったの

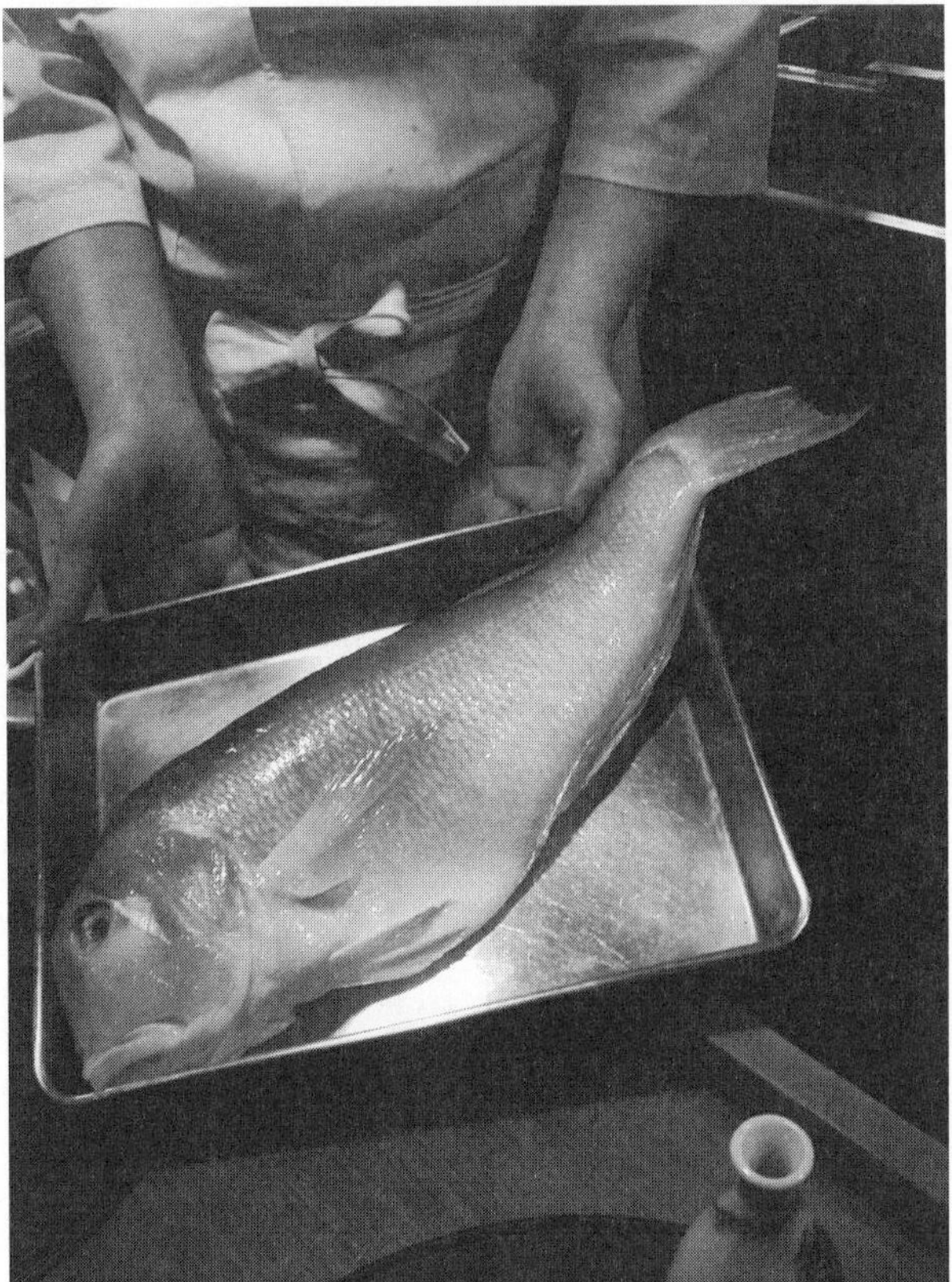

はゴマメくらいしかなかったそうだ。

最後の重箱詰めは長大なコの字カウンターを一周して料理をならべ、暖房はもちろん切り、裏と表の戸を両方開けて風を通し、寒い中で全員が仕事をする。今は手ごろな揃いの既製重箱があるが三代目が料亭修業していた頃は持ち込み重で、京都のことゆえ高価な家紋入り塗物を預かるのは気をつかう上に、大きさ、深さもちがい、さらに届ける風呂敷《ふろしき》も間違えてはならない。いちばん難儀だったのは丸いお重を持ち込まれ、若いのが詰めたはいいが「正面」ができておらずやり直したそうだ。

そうしてぎりぎりでも三十一日午前には各地に届くようクール宅配便にのせる。正月用だけに届かないことは絶対に許されず、配送は関東と九州の間だけにしている。京都のおせちは毎年日本中に五万、六万個と出て行く。待ったなしのすべてを終えた正月はへとへとで休むだけだが、いまごろ「新年おめでとう」とお重をあけていると思うとやりがいがあるそうだ。家族総出の奮闘がしのばれる。

私は開店五時に入ったが混んできて、お燗番にお運びにと店は忙しくなった。昔の大型燗付け器が活躍しているのが嬉《うれ》しい。私も話をやめて盃《さかずき》に専念した。やがて気づいた。この店は古い風格、自家製の甕酒、名料理はもちろんだが、この家族が一丸となって働いている光景こそ最大の魅力だと。

神馬は先代の酒谷禎一さんが創業。戦前から戦後の最盛期を支えた奥さん・とみさんは分け隔てのない気《き》っ風《ぷ》で警察にも顔役にも一目も二目も置かれ、九十六歳まで店に立っていた。二代目の芳男さん、その姉の須美子さんもとうに七十を越えたが、白衣に絣《かすり》の袖カバーをつけて元気に店を差配し、頼もしい三代目息子の役に立っている充実感がこちらにも伝わってくる。歳をとって大切なのは働くことだ、働いて人の役に立つことが自分のためになる、オレも働こう。

さあてそろそろ。〈鯖寿司〉四貫は透明な白板昆布《こんぶ》が艶をたたえ、その味は「豪華」。大きなしじみの赤出しも申し分ない。向かいのカップルはすっぽん鍋《なべ》に夢中になっている。こんど誰かと来てあれにしよう。

最後にエピソード。ある時、女優の宮沢りえさんによう似とる人が奥にいると客が言い、この忙しい時に冗談言うなとそれでも見に行ったら本人だったそうだ。りえさん、神馬にいらっしゃるとはお目が高いです。

名門バーの仲間たち

昨晩に続き今夜も祇園新橋をうろうろ。探すのはバー「エル・テソロ」だ。京都の新しいバーテンダーの〃養成所〃と言われるバー「K6」から最近独立した若手の店

「K家」「ローズバンク」「バー・スタンド」「ロッキングチェア」はすでに入った。エル・テソロもその一軒で、場所は夏に来た居酒屋「たまりや」のビルの隣だった。

昨日はティーカップで飲んだホットバタード・ラムを注文した。初めての店では余計なことは言わず、注文して黙って仕事を見る。

まずラムを沸かし、蒸発したアルコールに火をつけ青白い炎にフランベ。丁子はハンドバーナーですこし焦《こ》がす。さらにいろいろを調味し、シナモンスティックを添え、ハンドル付きグラスで届いた。今まで飲んだホットバタード・ラムの中では最も手が込んでいる。

フー、ツイー……。

「これはうまい」

「ありがとうございます」

かなりコクのある一杯は、ラムはグァテマラの「ロンサカパ」。調味はシナモンパウダー、オールスパイス、三温糖、シチリアのオレンジの花の蜂蜜《はちみつ》、カルピスバターと言う。

端正な顔立ちのあご先にちょんと髭《ひげ》を残したマスター大塚さんは、K6に八年いてここを開いた。ローズバンクの村松さんは静岡の高校の先輩で、そのつてでK6に入ったが、去年六月、お父上の容態が悪くなりローズバンクを閉め、静岡にもどった。二ヶ月後に亡《な》くなられ、葬儀等を済ませ、十二月に静岡で「ジュイエ」というバーを始めたそうだ。

「へえ、今度行ってみるよ」

「ぜひお願いします」

「トレフルドールは行かれましたか？」

「あ、女性バーテンダーの」

「そうです。K6の同級生です」

「へえ、行ってみるよ」

「ぜひどうぞ」

バーのよいところはこれだ。互いに客を紹介しあう共存共栄で、まして同じ店で修業した同士は結束も固いことだろう。居酒屋、料理屋ではあまりこういう話は聞かない。

足乗せ付きの椅子《いす》は座り心地よく、右カウンターの窓からは白川の流れが見えてロマンチックだ。カップルはあちらの席がいいかな。開店四年目にしては貫禄《かんろく》のある店内は、バー「ガスライト」が閉店してそのままになっていたのを引き継いだそうだ。

さてもう一杯。

「ホワイトレディ」

「かしこまりました」

ホットバタード・ラムの後に飲んだジントニックのジンはボンベイサファイアだったが、ホワイトレディはタンカレーだ。シェイカーにジン、コアントロー、レモンジュースの他にもうひとつ何か足した。

「それ何?」

「オレンジジュースです」

ステム(脚)の長いカクテルグラスを指先でくるりと回して立てる。さて、と始めたシェイクは思い切り手を伸ばした羽ばたき型で、手の中で暴れ馬をおさえているようだ。

ツイー……。

ほんの少し足したオレンジジュースで香りの幅ができ、これはいける。ホワイトレディ、下着はオレンジ色、とけしからぬ感想がわいたが黙っていよう(酔っている)。大塚さんは自分なりの創作工夫をほどこして、酒の仕事がおもしろくて仕方がないようだ。

今回の冬の京都は初めて入ろうと思っているバーがある。Ｋ６で多くの弟子を育てたオーナー西田稔さんが、Ｋ６は四十歳までと決めて後輩に託し、六年前に一人で始めたもう一つのバー「クーゲル」だ。場所は祇園のこの近くで会員制という。敷居の高さを感じるが彼に聞いてみよう。

「あ、大丈夫です、空いてるか電話しましょう」

客を紹介しあう共存共栄。しかし席は空いているが今日は西田さんは休みということで後日にまわした。「どうぞ大塚の紹介と言ってください」の声がありがたかった。

「西陣　鳥岩楼」８００円
「静香」３５０円
「ふた葉」６００円
「神馬」５５００円
「エル・テソロ」３３６０円

4日目　ミモザとタコぶつ

冬の京都に来て四日目になった。

夏冬どちらがよいかと言えば、町歩き派の私としては夏だ。軽装でどこにでも気軽に歩いて行ける。冬は厚手のオーバーに手袋が欠かせず、その格好で町へ出ても「歩く楽しみ」がおきない。しかし食べ物は冬の方がよさそうだ。夏に入ったので今回は顔を出さずにいる店も、冬はどうかなあとのぞいてみたくなる。

時間感覚ももちろんちがう。同じ時間でも夏は、こんなに明るいうちから飲んでていいのかなと思い、冬は夕方こんなに暗くなったのにまだ店が開かないのかと待ち遠しい。

昼は町中をぶらぶら歩き、買い物もする。見つけると必ず入るのは中古レコード屋だ。五〇年代の白人女性ジャズボーカルが好きで、あれば買い求め、京都市役所横の二階の店にも掘り出し物があった。

着るものも買う。と言ってもユニクロだけど。ひまにまかせて大型店に入り、端からじっくり見てゆくと案外おもしろい。靴も大型店で履き心地のよいスニーカーをいくつも試して買う。セールの札があるとしめたと思う。

どちらも東京で売っているものと全く変わらないが、東京ではこういうことはしない。いかにもひまで困っているようで、あまり他人に見られたくないことでもある。それが旅先ならできる。そうして買ったものは宅配便で送ってしまう。京都の有名な書店、恵文社《けいぶんしゃ》一乗寺店に入り、滅多にない本の揃《そろ》えのすばらしさに十数冊も買ってしまい、宅配便で送ってもらったこともあった。

これも何日も居ればこそだが、一都市に長滞在のよいところは飲食で初めての店に入る冒険ができること。二、三日であれば、せっかく来て失敗はできず、安定したなじみの店に顔を出すだけで終わってしまう。今夜は新しい店に入ってみよう。

造り三点盛り

柳馬場六角に最近開店した「魚戸いなせや」は、どちらも入ったことのある「地酒いなせや」「鶏料理《とり》いなせや」の三軒目だそうで、よいかもしれない。名旅館玄関へ向かうような長いアプローチの突き当たりが店だ。白木まぶしく新しい店内は手前に掘りこたつ式小上がり、奥に逆L字カウンター。去年十一月二十三日の開店だそうでちょうど一ヶ月がすぎた。

「魚戸、はなんて読むんですか?」

「ぎょこ、漁師の家のことです」

日本酒、魚、寿司が当店三本柱で、すべて日本酒をうまくするための料理ですと言うのが力強く、京都の居酒屋も日本酒を意識するようになってきたのかもしれない。京都地酒は富翁《とみおう》、月の桂、英勲、玉川、招徳。滋賀酒は浪乃音《なみのおと》、大治郎、一博《かずひろ》、不老泉、喜楽長《きらくちょう》、萩乃露《はぎのつゆ》。他に石川の遊歩、常《じょう》きげん、福井の花垣など。

「近畿、北陸が多いですね」

「まあ、近いと、蔵に行ったりいろいろつきあえますのでね」

プライベートブランド「魚戸」は、いなせやオーナーが、伏見・北川本家に注文して作ったという富翁の本醸造。ではそれのお燗《かん》を。そういえば冬の京都に来てまだ一度もビールを飲んでいない。お通しは、牡蠣《かき》・ウニ・ブリなどいろいろが乗った熱々のお碗《わん》で、寒い日にありがたい。酒はお燗を片口で出す。酸のきいたフレッシュな酒

エビスビール
あります。

だ。

「これは何か食べたくなる酒だね、作戦？」

「ははは、そうです」

そこで注文した〈酒肴《しゅこう》五点盛り・一〇〇〇円〉は一皿に〈焼きカラスミ・クリームチーズ味噌漬《みそづけ》・酒盗・茄子《なす》芥子《からし》漬・伏見無農薬沢庵《たくあん》古漬〉と盛りだくさんだ。

「これだけで酒がいくらでも飲める、作戦？」

「ははは、そうです」

しかし仕事もしてもらいたい。造りを頼んでおこう。たこ、剣先いか、鯛《たい》、寒ブリ、てっさ、地鶏などから、三点、五点、七点盛りを選べるという。

「造り三点盛り、……てっさ（フグ）はダメでしょ」

「いいですよ」

へえ、では遠慮なく〈てっさ・鯛・寒ブリ〉と高そうなもの三つにした。

白の半着物に白前掛けの板前店長は、毛の生えた太い腕っ節、剃《そ》った三角頭、これほど立派なのは見たことのない堂々たる太眉《ふとまゆ》の、まさに比叡山荒法師だが、目がねをかけているのが愛嬌《あいきょう》だ。三点盛りはすべて超厚切二切れずつ。鯛、ブリはともかく、てっさの厚切りは豪華だ。ベージュの藻塩《もしお》、丹後半島琴引浜《ことひきはま》の塩、ツンツンに切れる山葵《わさび》を使い分けて刺身を堪能《たんのう》した。

後ろの掘りごたつ席に美女三人が座った。奥の一人は、今飲んでいる酒・北川本家の若奥さんだそうですごい美人だ。ホール担当が、がぜん張り切ったのがわかる。私ももう少し見たいが（コラ）我慢して向き直り無難な話題に。

「今年は雪は降りましたか」

十二月三十一日が大雪で正月はどこも雪が残った。一月の十六、七日も降ったが寒さはこれからが本番。壁の貼紙《はりがみ》「立春しぼり」は、立春の朝にしぼった酒を午前中にお祓《はら》いして酒屋に配るそうで、寒さ本番といえどもその先には春がある。さらに二、三品いただき、最後の寿司は鉄火巻とかんぴょう巻。握りは今度来た時になった。

祇園の会員制バー

さて「クーゲル」に行こう。「祇園の会員制バーでおすすめはシャンパン」にいささか緊張する。二階と聞いたが一階からのアプローチが長い。通りからいきなり入る暗くせまい通路の床は透明ガラスで下に白砂利を敷き詰め、赤や青のシャンパンのキャップシールを散らして宝石箱のようだ。床だけが明るく、両側は幻影のように白い布が波打つ。やがて踏み段に豆電球を仕込んだ半透明の階段を回り登るとカウンターバーが現れた。まるでステージに出て行く歌手のような気分だ。

「いらっしゃいませ」

予約してないが迎えられた。奥に立って客と話しているのが西田さんだろう。バーテンダー一人と女性が一人。席につき、まずは注文だ。

「ジントニックをください」

「かしこまりました」

注文が伝えられ西田さんは支度にかかった。私からは遠い場所だが手順はわかる。タンブラーにカットライムを絞り入れ、ジン（タンカレー・ナンバーテン）を入れ、トニックウオーターを注ぎ、少し混ぜてスライスライムを入れ、大氷をそっと沈め、最後にもう一枚のスライスライムでタンブラーの縁を拭《ふ》きまわし、縦に差して飾り、女性が運んできた。

「おまたせしました」

ツイー……。

「おいしいですね」

「ありがとうございます」

奥の西田さんがちらりとこちらを見る。お世辞ではなくこれほど清潔感のあるジントニックはあまりない。

初めてのバーは客も店も緊張する。それを解くには注文してできたのを飲むことに尽きる。客は一杯飲んで安心し、店は作ったものを飲んでもらえて安心する。最初の一杯は無難なスタンダードのロングドリンク。バー通をきどって、最初から珍しいものや手のかかるものにしない方がよい。

てなわけで私も落ち着き、店内を見た。床の立ち上がりから全体を一体ガラスで作ったカウンターがすごい。半透明型押しガラスを足元から立ち上げ、手前に丸くカーブしてアームレストを作り、平たく黒いカウンタートップになる。半透明の中には照明が仕込まれて、ひじを下から照らす。足乗せバーは通常よりも高く、本革貼りの椅《い》子《す》は座が前後にスライドする。

カウンター中央には大きな銀バケツにシャンパンが数本冷やされ、正面バックバーはフランス風古典装飾の木製。両側の大鏡は無限現象をおこし、天井には精緻《せいち》なシャンデリア。後ろの白壁に直接描いたドローイングは画家・金子國義《くによし》。ＢＧＭはセミクラシック。これぞ祇園のバーか。やがて西田さんが私の前に立った。

「いらっしゃいませ」

「どうも、太田と申します」

「存じております、西田です」

ははあ、エル・テソロの大塚君が話したな。しかしありがたい。

「すばらしいバーですね、特にこのカウンター」

「いやどうも」

最初はガラスカウンターの中に水を流す案もあったそうだ。西田さんは今四十六歳。K6を始めたときから四十歳をひとつの節目と思っていて、その歳《とし》になりここを開店して六年たった。K6は十六年やり、下に若手がたくさん出たが自分も若手に戻るわけで、シャンパーニュをコンセプトにした。今も月曜はK6に行く。私はK6から独立した店にいろいろ行ったと話し、西田さんも年一回くらいは一本立ちした弟子たちの店に顔を出すようにしているそうだ。

「トレフルドールは行かれましたか？」

「いえ、まだなんです」

「はい、よろしければのぞいてみてやってください」

渋いサビのきいた風貌《ふうぼう》の西田さんは、厚い胸板に黒タキシードがじつに似合う。さてもう一杯。ここはやはりシャンパンのカクテルにしよう。

「ミモザを願います」

「かしこまりました」

シャンパン・ア・ロランジュ、シャンパンとオレンジジュースのカクテル「ミモザ」は春の兆《きざ》しだ。昨日までは冬のカクテル、今日からは春。

オレンジジュースを氷で冷やし、バケツのシャンパンと温度を合わせて調合、最後にオレンジ皮をピールして香りを強調した。普通はフルート型の細い脚付きグラスだが、縁飾りをほどこした大型の重いゴブレットは珍しい。

春来たる。黄色に満たされたグラスをシャンデリアに透かして掲げると、西田さんがにっこり笑った。

ミニマリズムの肴《さかな》

四条高倉、ルイ・ヴィトンの先のビル二階「たかはし」のドアを押した。今日はやってる。

「あ、太田さん、すみませんでした。このあいだの日曜を臨時休業にして月曜定休と二連休になるんでメモを貼ったんですよ」

「………」

オレが間違えたんだ。勝手に定休日の月曜日に行っただけのことだった。自己嫌悪《けんお》の気持ちでカウンター端に座る。酒だ、酒をくれ。

「弁天娘、燗」

「はい、玉栄でいいですね」

「うん」

どうもぞんざいな返事になっていけない。しばらく静かに飲もう。

この店も木島徹氏の設計だ。四坪ほどの小さな空間を黒っぽい木の直線で構成したミニマリズムに、腰板がわりの波板トタンが表情をつける。店内はほの暗く、六席のカウンターを照らす白菊型笠《かさ》の電球一個が抜群の集中効果を生む。かすかなBGMはいまどきはやらないアメリカのフォークソング。マスター高橋さんは横縞《よこじま》Tシャツにジーパン、剃った頭に黒縁の目がねが印象的だ。

カウンター端の上着を脱いだ男客は携帯を見ながらの酒。真ん中の落ち着いたカップルの、男は白シャツのネクタイをややゆるめ、女はグレーの上品なスーツにショートカットの髪。何かを評して、男「いぶし銀のような」、女「いぶりがっこのような」と会話のセンスがいい。後ろの丸テーブルのサラリーマン二人はすっかりリラックスして、一人は革靴を脱いでしまっている。さんざん探させられたわかりにくいこの店は堅い職業の人の癒《いや》しの隠れ家になっているようだ。現れたアラサー風の女性客二人がためらわずカウンターに座り、すぐマスターと話し始めるのは常連なのだろう。高橋さんは人の話を熱心に聞くだけでなく、自分の思うところも率直に言うのがいい。酒は睡龍《すいりゅう》、天穏《てんおん》、竹泉、群馬泉、神亀《しんかめ》、磯《いそ》自慢など申し分ない。つまみは、なまこ、鮒《ふな》寿司、釜揚《かまあげ》しらす、白かびソーセージと珍味系だ。〈小鯛笹漬《ささづけ》〉はとてもおいしく私の機嫌も直ってきた。少し話をしよう。

「竹鶴《たけつる》がずいぶん揃ったね」

「ああ、今いいですよ、ぼくも奨《すす》めてます」

「ラベルはぼくのデザインだよ」

「知ってます、前来た時に言ってました」

……面目ない。

「えと、竹鶴は別として、今、燗はなにがいい？」

うれしい質問だとすかさず取り出したのは「日置桜《ひおきざくら》・生酛玉栄《きもとたまさかえ》」。ラベルには先年亡くなった日本酒の指導者・上原浩《ひろし》先生の名文句〈酒は純米、燗ならなおよし〉が入る。

「これはうまい、パァーッと花開く感じだね」

「そうなんですよ」

合わせてとった〈タコぶつ〉は山葵のつかない醬油《しょうゆ》だけだが、醬油もよいのかすっきりとうまく、タコぶつは本当に酒飲み永遠のアテだなあと思う。もう一つとった〈冷奴《ひややっこ》〉も豆腐と醬油のみで薬味なし。

ここでハハーンと気づいた。これもミニマリズムだ。タコはタコを純粋に味わう、豆腐は豆腐だけ。隣の女性が〈ねぎぬた〉を注文したので見ていると、葱《ねぎ》に生味噌を添えただけの究極のシンプルで笑いそうになった。葱に生味噌こそ私の貧乏晩酌の最高の肴だ。

携帯を見ていた奥の男に「ゴメーン」と待ち合わせらしき男が来た。座りながら開口一番「やったぞ！」まあ聞いてくれとばかりに話し始めた。

研究で狙《ねら》った通りの実験結果が出た。これで四つめの論文が書ける。英語で書いてアメリカの論文出版社に送ると、三、四人でジャッジして掲載を決める。

「博士論文とは別やろ？」

「別、別、しっかし今日はいい発見したわ、ビリビリ体がしびれてしもた、ともかくうれしい、今日はうれしい！」

声は小さいが興奮気味だ。どうやら京大の大学院生か研究員らしい。相手は就職した同級生なのか「オレは松下の研究所も考えてたんだ」などと話している。「ニュートンの力学を書き換えた」あたりから話は理解不能になった。若い学者が隠れ家のような居酒屋で待ち合わせて一杯やっている京都。いいなあ、この雰囲気。

さてそろそろ、ここの名物〈手打ちそば〉でしめよう。私はひとつ賭《か》けをした。ミニマリズムにのっとり、薬味はきっとついてない。

届いた皿そばについてきたのは、はたしてつけつゆだけだった。

「魚戸いなせや」7500円
「クーゲル」3000円
「たかはし」3800円

5日目　フレンチキスとにゅうめん

三条烏丸《からすま》にホテルをとってから、御池通に出るのは初めてだ。朝の清々《すがすが》しい光の中に広い通りが懐《なつ》かしい。ホテルフジタを常宿にしていた時は朝晩ここを通った。歩きやすいザラリとした歩道はどういう素材か知らないが、夜は雨がないのに雨上がりのように街灯を反射してきれいだ。スマートな自転車駐輪場を歩道にいくつも設けているのも行きとどき、京都は自転車を大切にする町と感じる。古典的建築の京都市役所を左に折れ、歩き慣れた二条通を横切ると、いつもの町に帰ってきた気持ちだ。ここを右にゆくとすぐホテルフジタ、手前はK6だ。

京都の冬に蒸し寿司《ずし》というものがあると聞いていた。寿司を蒸すのは関東では考えられないが食べてみたい。うどんも飽きてきたし、名代といわれる「末廣《すえひろ》寿司」に行

ってみよう。

末廣寿司は町屋に割竹腰壁、小さな茶の暖簾《のれん》のかかる昔ながらの小粋《こいき》な構えで、扇に「末廣」と入る印などはどちらかと言うと大阪道頓堀《どうとんぼり》あたりの古い店に似る。いったいに京都で握り寿司屋をあまり見ないのは江戸と違って鮮魚のとれなかった歴史かもしれない。鯖《さば》寿司や蒸し寿司はそれで発達したのだろう。

大きな石畳の玄関に置いた小卓二つは、右のカウンター小窓から持ち帰りを受けとるのを待つために置き、そのうちにこの卓でも食べられるようにしたらしい。ここから仕切りもなくそのまま母屋《おもや》につながる。

品書きは、あなご箱寿司、鯖寿司、鰻《うなぎ》棒寿司、はも棒寿司（夏のみ）、小鯛雀《こだいすずめ》寿司、蒸し寿司（冬季限定）、茶巾寿司、稲荷《いなり》寿司など。〈小巻いろいろ〉は、てっか、きゅうり、えび、あなきゅう、こうこ、うめしそなど。握り寿司もあるようだが箱詰めで持ち帰るのが前提のようだ。

「あの、そこのお茶もらっていいですか」

「あ、すんまへん」

職人は蒸し寿司の支度に忙しそうで、卓のお茶ポットから自分で注いだ。

店の奥に重なる岡持ちは祝いの配達などに使うのか朱の結び紐《ひも》が上等だ。壁の額は

〈美味求眞　柴田博司君　種屬桑原武夫〉（「種属」は「なかま」の意とか）。〈あなたのお店は百年をこえる変遷《へんせん》のなかで家業の伝統を守り京の味わいを育て府民のゆたかな……〉は昭和四十四年・京都府開庁百年の府知事表彰状だ。

「おまちどおはん、熱いから気ぃつけとくれやす」

盆で届いた金襴手丼《きんらんでどんぶり》の蓋《ふた》を開けるとほわりと湯気が上がった。黄色の錦糸《きんし》卵を敷きつめた上に赤い鯛でんぶ、茶の焼穴子、緑の絹さや、黄土色の銀杏《ぎんなん》、そして紅白の海老《えび》がのり、女性ならば歓声を上げる華やかな色どりだ。本当は並一五〇〇円を頼むべきだろうが、旅の身としては上一八〇〇円にしてしまった。では一箸《ひとはし》。

あちち。口の中でころがしてハフハフ吹く。生温かいだろうと思っていたがかなり熱い。蒸れた酢飯が甘酸《あまず》っぱい香りを立ち上らせ、これは女性は喜ぶだろうな。入口席に座る若いお母さんと女の子二人は、お母さんは蒸し寿司、お姉ちゃんは蒸し寿司といなり、小さな妹はてっか巻ときゅうり巻となっとう巻。女三人は幸せそうだった。

末廣寿司向かいのお茶の老舗《しにせ》「一保堂茶舗《いっぽうどうちゃほ》」の黒塗り壁が貫禄《かんろく》だ。〈新春用特別抹《まっ》茶《ちゃ》　若松の昔　青雲〉の張紙、〈茶道資料館新春展　近代茶道の先駆者　玄々斎《げんげんさい》と又《ゆう》日庵《じつあん》〉のポスターがある。店内は広く、御抹茶（若松の昔・蓬萊《ほうらい》の昔・丹頂の昔……）、御玉露（天下一・一保園・甘露・麟鳳《りんぽう》・鶴齢《かくれい》・碧雲《へきうん》……）、御煎茶《おせんちゃ》（嘉木《かぼく》・芳

新春用特別抹茶
若松の昔
青雲
四十グラム缶 三、七八〇円
二十グラム缶 一、八九〇円
吉田の節分祭
二月二日前日祭
三日当日祭
四日後日祭
京都吉田神社
新春展 近代茶道の先駆者
玄々斎と又日庵
平成23年1月7日(金)—3月28日(月)

泉・日月・雲露……）など、巻紙に墨書でずらりとならぶ茶銘が壮観だ。パンフレットに〈創業享保《きょうほう》二年（一七一七）、弘化《こうか》三年（一八四六）に山階宮《やましなのみや》から「茶、一つを保つように」と一保堂屋号を賜った〉とある。ホテルの部屋に急須《きゅうす》があったがティーバッグはもの足りない。ホテルでよいお茶を飲もう。煎茶・薫風《くんぷう》一〇〇グラム・二一〇〇円を買った。

男の昼飯にはやや量が足りず、これも京都の誰もが知るという「冨美家《ふみや》」の〈冨美家鍋《なべ》〉を試してみよう。錦《にしき》市場の店は改装中で近くのモダンな店舗へ。昼時で、待ち客は子供を連れたお母さん、おばさん同士、昼休みのOLなどほとんどは女性だ。うどんは各種あるが、注文は皆さん鍋焼きうどんの冨美家鍋だ。私もすぐ届いた。ぐつぐつ煮える土鍋に海老天・椎茸《しいたけ》・青葱《あおねぎ》・かまぼこ・餅《もち》・真ん中に生玉子。出汁《だし》のきいたおつゆは甘く、うどんはとても柔らかい。温かく、柔らかく、甘く、いろいろな具が乗る。これもやはり女のもので、女同士がぺちゃくちゃ話しながらゆっくり食べている。京都には女のための優しい食べものがある。関東の、硬ゆで蕎麦《そば》をしょっぱい醬油《しょうゆ》のつゆでズスッとすすり、箸をパンと置いて終わり、なんてのはおよそ恐ろしいことなんだろうな。

京都居酒屋の実力

今夜も初めての店に入ろう。京都でいま一番人気の居酒屋は二条の「よこちょう」と聞いた。三条烏丸のホテルから御池通を歩き、高瀬川沿いを上る。いつもここを歩いてホテルフジタに入った。

新聞に「鴨川のほとり　著名人に愛されて41年　ホテルフジタ京都閉館」と記事が出ていた。〈一九七〇年、大阪万博の客をあてこみ角倉了以《すみのくらりょうい》屋敷跡に開業。東山を望む鴨川沿いで京都の風情《ふぜい》を満喫できる宿として人気を呼んだ。石原裕次郎、勝新太郎、高倉健ら多くの俳優も投宿……〉。別の一紙は「ホテルフジタ京都閉館　庭園のコイ寺院引き取り」として〈滝のある日本庭園の鯉の引き取りを寺に呼びかけたところ、天龍寺《てんりゅうじ》、三千院が快諾し、閉館の翌日約七十匹を運ぶ……〉とある。泉水を悠々と泳ぐ鯉をロビーからよく見たが、第二の住み家が決まってよかった。ホテルを見納めのつもりで眺め、二条の橋からまた振り返った。あの障子窓からいつも鴨川を見ていた。

橋を渡ったすぐ右の、もう縄のれんが出ている赤垣屋を見ながら直進。まっすぐ行くと私の好きな細見美術館、その先は平安神宮だ。「よこちょう」は通り右手のなんでもない普通の居酒屋で、居酒屋好きの私でも外観だけでは入らないだろう。狭い玄関を入った左のテーブル席には家族客三組、右の長いカウンターは空いている。

「すみません、今日は予約で一杯なんですよ」

セーター姿のおかみさんが拝むように片手を立てた。

「あの、一人なんだけど」

「ええちょっと」

「頼む、客が来るまで一時間、いや三十分でいい」

こんどはこちらが手を立てた。東京から来たんだ！

「……じゃ、ここでもよければ、すみません」

入口すぐのカウンター一番端に椅子《いす》を持ってきて置いた。いいともいいとも。しかしこれが結果的には絶好の位置になったのである。

座ったカウンターから見る厨房《ちゅうぼう》の中は何人もがいっせいに働いている。これは予約客が来る前に注文しておかないと出遅れると素早く品書きに目を走らせる。「ご注文はこの紙に書いてください」とおかみさんがメモ用紙と鉛筆（2B）を渡した。

これはいいシステムだ。混む店は注文が通っているかが心配になる。何でも書いて渡せば間違いがない。もう決めてある〈喜楽長特別純米酒1合お燗《かん》　付き出し八寸ニギス塩焼き2尾〉と書いて渡した。酒は張紙に〈よこちょう一押し〉とあるもの、八寸はお通しだからすぐ出る、焼魚は時間がかかるので早く頼んでおく方がよい。オレはこういうことは素早いと自己満足したが、案の定注文が通って黒板のニギスはすぐ消された。最後だったのだ。

白角皿のお通し八寸は〈釜《かま》揚《あ》げしらす・だし巻・帆立煮・茹《ゆ》で海老・子持ち昆布《こんぶ》・くらげきゅうり・いんげんごまあえ・ポテサラ〉と正しく八品が一口ずつ、魚野菜のバランスもよく並びこれで五百円はかなりお値打ちだ。最初の注文は正解だったなとニンマリして箸をとる。

落ちついて見た酒の品書きはワイン、焼酎《しょうちゅう》なんでもありだが、純米酒に力を入れているのがいい。田酒《でんしゅ》、開運、正雪《しょうせつ》、九平次《くへいじ》、大治郎、小鼓《こつづみ》、春鹿《はるしか》、〆張鶴《しめはりつる》、風の森、くどき上手、黒龍と、全国の定評名酒のなかで富山の「吉乃友《よしのとも》」を置くのがえらい。富山の酒にうるさい名酒居酒屋の親父《おやじ》に教わった玄人《くろうと》好みの晩酌酒だ。

小さな玄関に次々に客が来ておかみさんは大忙しでどんどん二階に案内する。二階もあるんだ。さらに数人グループを申し訳ないと謝って断り、客は一階をのぞいて口惜しそうに帰ってゆく。確かに繁盛《はんじょう》している店だ。椅子席は子供も連れた家族が多く、ほろ酔いご機嫌の親たちに飽きた子供がうろちょろするのがいい。家族同士で子供を連れて来れる居酒屋は健全だ。

「お待ちどおさま」

届いたメギス二尾は焼き加減よく、これが食べられるとはありがたい。キスに似るメギスは関東には出ない冬の日本海の魚で、ニギスとも言い、語源は「似鱚《にぎす》」とか。

では次の注文だ。〈注文2　吉乃友1合　お燗温度45度　菜の花芥子《からし》和《あ》え　赤貝造り〉を横に立つおかみさんに渡した。おかみさんはぷっと吹き出し「カウンター一番さん、吉乃友一合お燗、温度45度……」と声に出し恥ずかしいが、インカムをつけて大声ではないのがいい。この席はおかみさんが必ず戻って来て脇《わき》に立ち、注文するのも、終わった皿を渡すのも誠に都合がよい。

「ご繁盛ですねー」

「すみません、がさがさして」

首のきれいなおかみさんは若い時の淡路《あわじ》恵子に似た美人で、全員が紺作務衣《さむえ》のなかに一人だけピンクのセーターが目立ち、てきぱきと店を差配する店の司令塔だ。新しい店かと思ったがここに来て十年、その前に別の所で二十四年やっていたそうだ。私の目の前のタオルねじり鉢巻きで包丁に専念するご主人以下、頭タオル巻きに紺作務衣・酒蔵前掛けの若者が男七人女一人、一心に働く様子は壮観だ。先輩後輩があるようで、冷静な軍曹のごとくじっと腕組みで店内に目を光らすのや、小皿で味をみる中堅、俎板《まないた》につきっきりの若いのと、男たちが無言で働くのはなんとも気持ちよく、よくある若者居酒屋のように空元気の大声を出さず、できるだけ無言のアイコンタクト、ちょっとした指さし指示でものごとを進めるチームプレーが本物だ。その中に目がねの女性紅一点はお運び専門で、料理差し出し口のここには常に来る。

「学生?」

「いえ、社会人です」

この人は私の顔を知っているらしく帰る時にツーショット携帯写真を撮られた。

すばらしい店だ、なんで早くから知らなかったのだろう。古民家でもなんでもない普通の内装でうまい酒と魚をそろえる。これぞ京都の日常の居酒屋だ。京都の割烹《かっぽう》や料理屋はいい酒を置いていない、とあちこちに書いていたが、どっこい地元の居酒屋にはずらりとあった。料理も、舌の肥えた京都人をごまかせないものを格安で出す。雰囲気? そんなものはいらない。いや、この観光客ゼロの店でわが家のごとく家族で楽しんでいる雰囲気こそ最高じゃないか!

ますます混んできて奥の子連れ家族一家が御輿《みこし》を上げた。私の隣で貫禄のおばさんが上機嫌に「ああ、私が払う、ええ、ええ」と若い連れたちを先に追い出して財布を開け、何か話したそうにこちらを見る。

「お帰りですか?」

「ああ、ようしただいた、あんたようこの店来たな、最高やろ」

「いやほんと」

「私は孫が七人もおってな、ここに順番に連れて来るんが楽しみなんや」

勘定しながら「安いなーいつも」と呟《つぶや》き「おさきに」と帰って行かれた。

さてこちらもそろそろ潮時か。〈注文3　鯖寿司一貫　赤だし〉を渡す。手元に常に注文のメモと鉛筆があるのはじつに安心だ。堂々たる鯖寿司は一貫でじゅうぶんなボリュームがあり、しじみの赤だしは今までいただいたすべてを収斂《しゅうれん》する苦味がいい。最後に〈注文4　お茶　お勘定〉と筆談よろしく書いて渡し、美人おかみはにっこりと、この時ばかりは「あつーいお茶、新しく淹《い》れてね！」と大声をかけてくれた。

外は寒く、さっき勘定しながら声をかけてよこしたおばさんの一団が向こうから戻ってきた。若いお母さんの着ているダウンコートの両内側に包まれた子供がはしゃいでうれしそうだ。おばさんは私に気づき「また、あそこで会おな」と言ってくれた。

魅惑のカクテル

いったんホテルに帰り横になった。連日の酒浸りで少し疲れが出てきたかもしれない。「いったん」と書いてしまうところがなんともはやで、また出て行くつもりなのだ。

毎晩酒を飲むのに、いつも一人ではつまらなくないかと思うかもしれない。しかしつまらなくも淋《さび》しくもない。これは私のよくないところと思うが、同じ人と二、三時間も飲んで話していると飽きてくる。正確に言うと店の方に興味があるので、世間話には気が入らない。しかし話すのは嫌いではなく店の人とはよくしゃべる。いちばんよいのは何も話さず一人でただ酒場に浸っている時だ。はい、変人です。

ホテルから六角富小路のバー「トレフルドール」はすぐ近い。とあるビルの二階へ上がった。

「いらっしゃいませ」

部屋の角に沿ってゆるやかにカーブした天然木のカウンター、奥に別室があるらしく賑《にぎ》やかな声が聞こえる。ひっつめ髪、白シャツに太いネクタイ、黒ベスト、黒ズボンの男支度の女性が二人立つ。

「ジントニックをお願いします」

「承知しました」

作り始めたのがオーナーの尺金《さしがね》さんだろう。珍しい姓は「クーゲル」の西田さんから聞いた。まずカットライムを二個絞り入れた。女性の白魚の指でライムが絞られるのはどきどきする。素早く指を拭《ふ》き、ジン（タンカレー）を注ぎ、大氷を沈め、トニックを注ぎ、バースプーンで一、二度上下させ、最後に四つ葉クローバーに型抜いたレモン皮一片をピールして氷に乗せ、位置を少し修正した。

「どうぞ」

持ち上げた極薄のタンブラーは氷がゴトリと当たる振動が指に伝わる。ボリューム感のあるジントニックだ。

「このクローバーがいいですね」

「はい、金の四つ葉、トレフルドールです」

あ、そうか。フランス語のわからない自分は気づかなかった。そういえば正面に大きな金の四つ葉＝トレフルドールがシンボリックに光っている。

「どうぞ」

もう一人の女性がティーカップを置いた。

「オニオングラタンスープです」

これはありがたい。やはり女性の店だな。

薄暗い照明にバス・ペールエールやギネスのハンドコックの明かりが絶妙だ。バックバーは酒瓶に隣り合ってウエディングドレスのパンダ人形やら飾り物がいろいろならぶ。男のバーテンダーはこういうことはしない。

奥のグループの注文がまとまったらしくそれぞれ違った九杯作りに入った。氷は溶け、酒は温まるから、九杯を同時に完成させるのはなかなかの大仕事だ。瓶だけでもずらりと十種近くがならぶ。黙って仕事を見た。やがてできあがり、一盆に乗せたが大丈夫だろうか。狭いところを抜ける時はこちらもはらはらしたが、無事通り抜けてほっとする。

かたづけ終えたのを見計らってもう一杯。

「フレンチキスを願います」

「承知しました」

知ったような口ぶりだが、尺金さんのオリジナルと聞いた。

ペルノーとクレーム・ド・カシス・ド・ディジョン（カシスのリキュール）をメインに味を整えてシェイクに入った。尺金さんのシェイクは左右対称にひじを張り、細い腕で下から上にしゃくり上げ、遠くを見つめたまま微動だにせず、興福寺の阿修羅《あしゅら》像を思わせる。振り終えてシャンパングラスに入れ、今開けたシャンパンを注いで満たし、緑のライムと黄色のレモンをハート型に抜いた小片を浮かべた。これは華やかでロマンチックなカクテルだ。

スイー……。

甘く、秘めやかに、とろけるように、しかしカクテルとしては強い。キスはキスでもフレンチキス。強いから休み休み飲む（強いから休み休みキスする、コラッ、酔ってきた）。じっと見つめていてわかった。緑のハートは男でペルノー、黄のハートは女でカシス。緑の方がやや大きいのも気が利《き》いている。であれば緑はゲイリー・クーパー、黄はオードリー・ヘプバーン、映画は二人共演の『昼下りの情事』。カクテル名「フレンチキス」はずばりすぎる。しかし「昼下りの情事」も頼みにくい。そうだ、映画テーマ曲の「ファッシネイション（魅惑のワルツ）」がいいだろう。「あなたのオリジナルカクテルは何ですか？」「ファッシネイションです」いいじゃないか。

てなことを尺金さんとお話ししたいが、奥の九人がお帰りのようで一人ずつ出てきて、ざわざわと忙しく、なかなか声をかけるきっかけがない。ちびちび飲んでいるうちにグラスのすぼまりとともに二つのハートは接近し、最後はくっつきましたとさ。

空のグラスを置いてうなだれているとようやく前に立ってくれた。「尺金、と申します、字は……」と名刺をいただく。知っているけど「珍しい姓ですね」とあいづちを打つ。

尺金さんは京都全日空ホテルでバー部門に配属されて興味をもち、退職してK6、クーゲルで修業。キャリア十三年で独立してここを開いた。きりりとした髪、緊張感を忘れない眼差《まなざ》しにキャリアの自信と、女性だからと見られたくない意思が感じられる。女性バーテンダーを多く知っているが、長く続き力のある人は間違いなく男支度で髪もひっつめ、女っぽさはみじんも見せない。酒を扱うバーテンダーたるもの、髪をかき上げるなどは厳禁。男も絶対自分の頭に触ってはいけない。

「フレンチキス、すばらしかったです、どういう発想ですか？」

「映画です」

「ほう！」

ケヴィン・クラインとメグ・ライアンの共演したロマンチック・コメディ『フレンチ・キス』(一九九五)は、フランスを舞台に意地っ張り男女が最後はブドウ畑を始めようと結ばれる。二つのハートで男女を表し、すべてフランスの素材で作ると決めて考えたそうだ。氷を入れないから最後の一滴まで飲み干すと必ずハートが合体するのも計算済みという。

やはりそうか。その映画は見ていないが、私はみごとに術中に落ちた。男世界のバーテンダーといえども感性は女性。おそれいりました。尺金さん素敵でしたよ。

居酒屋深夜一時

ふらりふらり。足は六角通をホテルと反対方向へ。昔から気になっていた、木屋町三条で五十年以上になるという古い居酒屋「樽《たる》」に入ってみよう。古いといっても格式高いわけではなく、深夜二時までやっている開放的な居酒屋だ。

白木カウンターと卓いくつか、壁に品書き短冊《たんざく》ずらり、それだけのシンプルな広い店に、学者・養老孟司《ようろうたけし》先生に似た白衣銀髪、知的な風貌《ふうぼう》のご主人と奥さんが、ちょこんと座ってテレビを見ている。

ビールに〈鶏山椒焼《さんしょうや》き〉が合う。冬の京都で初めてのビールだ。ビールってうまいな。後は何にしようか。とりわさ、いか納豆、きずし、豆腐ステーキ、生ゆば、さわら味噌漬《みそづけ》、ちくわ天、トマト、かぶら漬、にら炒《いた》め、造り定食、とんかつ定食……。何でもありの店で、結局こういうところが一番だ。〈ちりめんじゃこ〉は量が多く〈きゅうり漬〉はおろし生姜《しょうが》が添えられておいしい。

入って来た女性客二人は仕事帰りのようで、ニンニク天を頼んで煙草《たばこ》をプカーリ、そして話し出す。同じく煙草をくゆらせてじっとテレビのサッカー観戦の男。厚い文庫本片手にときどき盃《さかずき》を口にはこぶ男。テーブルは若いのが四人気炎を上げている。それぞれが全く無関係な居心地がいい。丸い大時計は一時を指している。

冬の京都に来て言葉を交わしたのは酒場の人ばかりだ。日に一度、東京の仕事場に電話を入れる以外は携帯電話は切ってある。携帯電話は受けるのも話すのも嫌いだ。世間から蒸発したようなものだが、カヌーイストの野田知佑《ともすけ》さんが「男は年に一度くらい行方不明になれ」と言っていた。スケールは小さいけれどそれかもしれない。夜一時、京都の居酒屋に私がひとり座っていることは誰も知らない。

自由の感覚がある。もう一杯飲むのも自由、もう一軒入るのも自由、このまま帰るのも自由、なにもしないでじっとしているのも自由だ。

「豚キムチとライス、漬物、納豆」女性二人がアクティブな追加注文だ。では私も。椎茸とナスの薄切りと葱の浮いた温かな〈にゅうめん〉はとてもおいしく、最高の腹おさめになった。オヤスミ……。

「末廣寿司」1800円
「冨美家」600円
「よこちょう」3600円

「トレフルドール」３０００円
「樽」２３８０円

一発軒
ニューヘブン

6日目　ミネストローネと牛すじ大根

烏丸《からすま》三条にホテルをとってから蛸薬師《たこやくし》通の行き来が増えて、途中の小さなレストラン「オステリア・バスティーユ」が気になってきた。うどんも丼《どんぶり》もあきたのであそこでランチにしよう。

今日は最高気温四度、最低気温マイナス一度の「底を打った寒さ」と新聞に出ていた。外を歩くと体感はもっと寒く感じる。昨夜のバー「トレフルドール」の少し手前。店名入りのテントを通りに張り出して木製ドアの横に椅子《いす》を置き、メニューの黒板を立てたおしゃれな店だ。

「いらっしゃいませ」

清潔な白ブラウスに黒の巻きエプロン、ちょっとまくった袖《そで》が、さあお昼の仕事、の意気をみせる。目がねがセクシーなマダム風としなやかな細身の若い娘はともに美人。どちらがオーダーをとりにくるかなあ。マダム風がにこやかにメニューとメモを手にやってきた。

「何にいたしましょう」

「一六〇〇円のランチを願います」

「前菜は、お野菜たっぷりのミネストローネと田舎風お肉パテから選べます」

「ミネストローネを」

「パスタは、いかがいたしましょう」

「しらすと海老《えび》のを」

メモを見て復唱し、承知しましたとにっこり微笑《ほほえ》み、メニューを抱いてお帰りになった。居酒屋とは違うなあ、居酒屋なら野太い男が、

「何にしますか？」

「生ビールと冷奴《ひややっこ》」

「はい一番さん、生とヤッコ一丁！」

居酒屋もいいかな。割烹《かっぽう》なら、

「あーらセンセ、おひさしぶり、お太りになったんじゃないの、あ、コートお預かり

します、ねーえ、おビールとおしぼりはやくね、さ、こちら」

出番がない。

くだらない想像はヤメ。古仕上げの木床と腰板、白壁に鏡と黒板、アートポスターに洋書を少し置いたインテリアはよくこなれて、最近ほんとにこういうのは上手だ。白のテーブルクロスに革貼《かわば》り丸背の木の椅子は落ちつく。ランチタイムの奥の女性四人は楽しそう、カップル二人は白のグラスワインをカチン、若い女性二人はメニュー点検に余念なく、少し離れて男のおいら一人。春の気分出しに黄色のフリース着て来たんだけどな。

フォカッチャをちぎっていると前菜の深皿が届いた。〈お野菜たっぷりバジルの香りのミネストローネ〉はその通りでとりわけカブがおいしく、久しぶりの「お野菜たっぷり」にみるみる体がよみがえってゆくのがわかる。野菜は大切だと刺身や珍味の毎日を反省。

続く〈しらすと海老とお野菜たっぷりの白ワインバターソースパスタ〉は、緑(芽キャベツ・ブロッコリ・ほうれん草・菜の花・バジル)、白(白魚のような大きなしらす)、赤(ツイストした海老)とまさに春の野菜&花畑。これはうまい、しかし量が足りない。すみませんと呼んで(こんどは若い娘)、「若鶏《わかどり》のソテー・トマトバジルソースも取りたいが、量は」と相談すると「けっこうあります、お時間も少し」ということで断念。「パン、もう少しお持ちしましょうか」と言われてお願いした。

一連を食べ終えて手をぱたぱたとはたき、ナフキンで口を拭《ふ》いてコーヒー。「おいしかった、また来ます」とマダムに挨拶《あいさつ》。ほんとにまた来よう、常連になってにっこりされよう。

これぞ名店

冬の京都滞在も残り二日になった。およその目的は達したがあと一つ、どうしても行きたい、行かねばならない店がある。

二〇〇九年、西日本の旅連載をまとめた『ひとり旅ひとり酒』（京阪神エルマガジン社）を本にするとき、京都は新しく書き下ろすことにしたが、登場する店のうちのある一軒は雑誌などに書かれたことは一度もなく掲載は断られた。しかし優秀で熱心な女性編集者は、その人も初めてだったその店を高く評価し、三回自費で通い、店は根負けして「あんたならええわ、住所電話は書かんといて」となった。今夜はそこに行こう。

五条大橋から東へ、おいしいうどん屋「辨慶《べんけい》」をすぎ、大きな道標〈こゝよりひがし五條坂《ごじょうざか》〉を左に入った観光地のかけらもない暗い裏通りに、ぽつりと「味の居酒屋　櫻《さくら》バー」の看板がともる。文字は安っぽい勘亭流だ。

六時を少しまわった店内は手前の二畳、カウンター六席、奥の二畳も満員で、少し寄せていただきカウンター手前端に椅子を詰めた。

本ができてすぐに挨拶に来てはいるが、私の顔は憶《おぼ》えていないだろう。あらためて礼を言いたいが、黒Tシャツの主人も若い奥さんも満員の客に忙しく、顔を上げてもらうのもはばかられる。しばらくおとなしく飲んでいよう。

カウンターのガラスケースにはぴちぴちの魚が光る。上に貼《は》った長大な墨書巻紙は本日の日付入りで、平目、ぶり、しまあじ、よこわ、あじたたき、たこぶつ、穴子焼霜造り、たいあら煮、大根煮、ちくわ天ぷら、揚げ小芋あんかけ、などなど。手元のメニューには、じゃこおろし、納豆、カツ煮、手羽唐揚げ、生レバーなど通年あるものが山ほど。さらにうどん・そば類が、きつね、月見、玉子とじ、けいらん、たぬき、わかめ、鶏なんばん、天ぷら、鍋焼《なべや》き、にゅうめん、焼うどん、クリーム風パスタ（たらこ・あさり）など十数種と万全この上ない。ここは大正十三年に今の店主の祖父母が始めた老舗《しにせ》で、この場所に来て十八年。はじめはうどん屋だったそうだ。

俎板《まないた》で包丁仕事、後ろを向いて煮物焼物の火加減、汁物の絶え間ない味見、ジャー

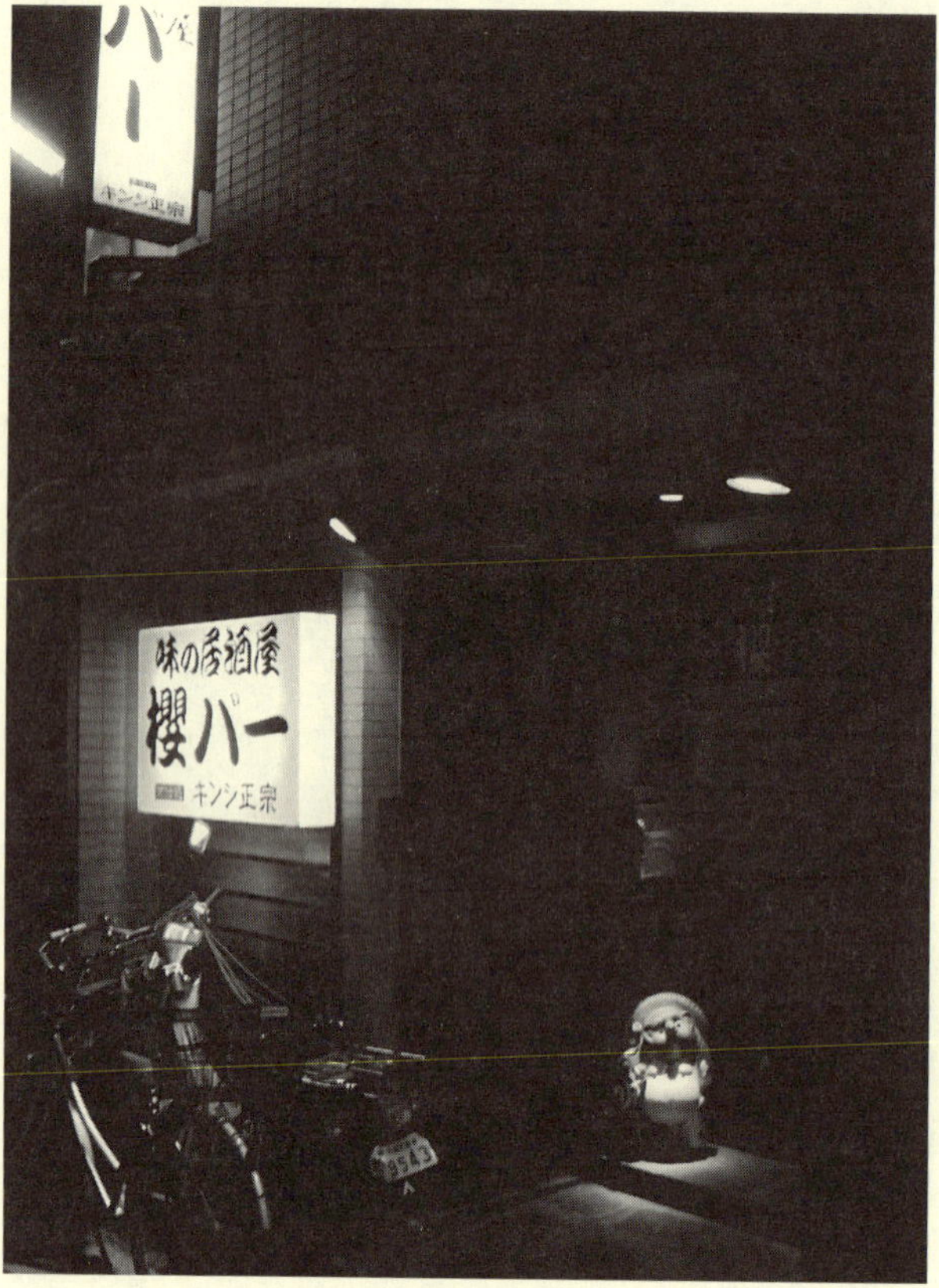
キンシ正宗
味の居酒屋
櫻バー
キンシ正宗

と天ぷらを揚げて、と常に四つくらいの仕事が並行し、「ゆかり、これ○○さん」「はーい」とご夫婦の息もぴったりだ。主人がこちらを向いたタイミングに注文した。

「蛤《はまぐり》酒蒸し」

「はい」

しばしあって届いた大きな丼は、大蛤五個がたっぷりの白濁したおつゆに浸り三つ葉が香る。蛤こそは私の大好物、春の到来だ。火を通しすぎないぬらりと妖艶《ようえん》な味がたまらない。空いた殻をスプーンにしておつゆをすくい、冷えた体がどんどん温まる。最後は両手で丼を持ち一滴残らずきれいになった。

私の隣の中年夫婦が〈春野菜天ぷら〉に声をあげた。

「うん、こらうまいわ」

「いいわねえ」

これだけ大量で一人前とは驚く。私も注文候補にしていたが多過ぎるので変えよう。

「新玉葱《しんたまねぎ》と海老のかき揚げをください」

「ものすごく大きいですから、小さめしときましょ、値段引きます」

それでも真っ白な角皿をはみ出さんばかりに大きいのをざっくりと四つに切って、緑つややかなシシトウ素揚げ、おろし生姜《しょうが》、大根おろしが添えられる。香ばしい油の香りは天つゆに浸ければジャーと音がしそうだ。新たまねぎの甘味、大きな海老がごろごろした味のすばらしさよ！　これで七百円は超格安で、値段引いてくれなくていいです。これまた一気に食べ尽くし酒がちっとも減らない。酒はキンシ正宗のガラス一合瓶をそのまま鍋で寝かす瓶燗《かん》で、格好つけない率直さがいい。

カウンター奥の四人客は両親と息子夫婦らしく、他の客もそうだが気軽な支度は近所の人ばかりのようだ。息子のお母さんは大張り切りで「もっと注文せなあかんよ」「今日は検査の数値よかったし、うんと食べり」「よーし、雲子いっちゃう、雲ぽん！」と声があがる。雲子ぽん酢だな。こちら隣の中年夫婦は大満足で天ぷらを終え、まだ未練があるらしく、仕上げにとった〈梅ぞうすい〉一人前は土鍋に優に二人前が湯気をあげてうまそうだ。ついに声が出た。

「おいしそうですね」

「おいしいのよ、ここはおいしくて量が多いでしょう、手伝ってくれへん？」

「いえいえ」

「おまえ、食べかけを失礼やないか」

ご主人が注意するが目は笑って「どうも」と頭を下げた。

――楽しい。誰もが食べることに夢中になっている楽しさが店に充満しているのは

「うまくて量がある」飲食の王道がそうさせているのだ。

食材も調理も丸見えの店内はお世辞にも立派とは言えないが、ここは魔法の台所だ。こういう実力店は平凡なものがまたよいのかもと、こんにゃく煮、菜の花芥子和《からしあ》え、じゃが芋フライなどから選んだ〈小芋煮〉は、やはりたいへん奥深い。料理はみな四百円から千円どまりで懐《ふところ》の心配は無用だ。

店内に微妙に小さく流れ続ける歌謡曲は「港が見える丘」になった。キンシ正宗も二本目になり私は上機嫌だ。

お婆《ばあ》さんの手

「太田さん、どうも」

ああ、ご主人は顔を憶えてくれていた。あらためて挨拶。

「ご繁盛《はんじょう》ですね」

「いやあ、今日は金曜日やし」

淡々とした様子に気負いはない。しかし、行こうと思えば山ほど有名店や名店（と言われる）のある京都で、ご近所の常連で大繁盛しているこの店は、京都の底力を私に見せつけた。観光地の祇園や木屋町ばかりを歩き「京都は居酒屋の少ない町で」など知ったかぶりを書いていた自分が恥ずかしい。京都は観光店と地元店がはっきり分かれ、観光は京都の最大産業ゆえ、地元の人は（遠慮するにせよ、無視するにせよ）観光店には入らない。そうして昨日の「よこちょう」、今日の「櫻バー」のような店で極上を楽しんでいる。京情緒はいらない。

トイレに立った帰りに、奥で盛大に注文を重ねるお母さんから声をかけられた。

「あんた見慣れん顔やな」

「うちのことを本に書かれはった人です」

ご主人がフォローする。

「そうか、あんた〈牛すじ大根〉食べはった？　あれ食べなあかんで」

早速注文すると、大きな鉢に牛筋と茶色に煮染まった巨大な鉈《なた》切り大根が二つ。刻み葱に芥子もたっぷりだが、大根は普通三個なのだそうだ。その甘いコクのうまさ。

「こーれは旨《うま》い！」

「そやろ、旨いやろ」

思わず叫んだ私に奥から返事が戻り、一同の笑い声になる。

隣の夫婦が帰って若い男が二人座り、店のお婆さんがビールの大ジョッキをよっこらしょと運んで来て置き、私と目が合いにっこりした。私の顔に見憶えがあるようでありがたい。この方が大好きだ。「お元気でなによりです」と立ち上がり挨拶した。

店は、大車輪の夫婦を、白長靴のお婆さんと、奥でも女性一人が手伝う。お婆さんは重いビールを運び、皿を洗って棚にしまい、終わった食材をかたづけ、ゴミを外に出し、客の上着をハンガーにかけ、履物を揃《そろ》え、といつもなにか仕事はないかとせっせと気を配って座ることはなく、私はその様子を見ているだけで心温まる。今も玄関の二畳に「すみません」と四つんばいになって上がり、暖房かなにかのスイッチを見ている。客は皆、よく働くお婆さんのファンのようだ。

これも大好きな〈茶碗蒸《ちゃわん》し〉を碗の隅々まできれいにした。目の前の網で焼きおにぎりが始まり、時々ひっくり返してうまそうだ。しかし腹は限界になった。

勘定を済ませ、お婆さんに声をかけた。

「おいくつになられましたか？」

「八十です、私の元気なうちにまた来てください」

その目が好意的だ。

「手を握らせていただいてよろしいでしょうか」

はい、と照れてさしだした小さな手は水仕事で氷のように冷たい。

嗚呼《ああ》！　私の目から涙があふれ、それ以上は何も言えず店の外に出た。

「オステリア・バスティーユ」１６８０円
「櫻バー」３２６０円

明山歯科
佐竹生花店
大岩建設工業
近又
まる伊
ウィズユー
大國屋
大吉
山本清掃
田丸印房
錦
天
満
宮
錦天満宮

7日目　油揚げとリニエ・アクアビット

冬の京都一週間も最終日になった。今日は仕上げの総ざらえとしよう。

新京極通と河原町通にはさまれたあたりの裏寺町はファッションビルのならぶ表通りを入ったごちゃごちゃした横丁で若い人が多い。その小路《こうじ》角の「たつみ」こそ京都で最も信頼厚い大衆酒場だ。昼十二時に開店して夜十時まで京都の酒飲みの砦《とりで》となっている。

真冬といえども午後三時半はまだ明るい。左右に入口（玄関という立派なものではない）が二つ。私は左入口を一歩入った立ち飲みコの字カウンター端が定席になった。後ろはすぐ入口で客が来れば体を寄せて通す。細い四角柱のカウンターに置いた小さな盆栽や千両箱を抱いた狸《たぬき》も見慣れた。

店中をとりまく品書きビラはいったい何枚あるかわからない。品は百五十以上はありそうだが結構重複してもいて、店も「もうどうでもいいや」という感じだ。それでも、いもぼう、山陰海岸岩海苔《いわのり》、鱧《はも》天ぷら、たら白子天ぷら、たけのこ造り、わらび長いも酢みそ和《あ》え、など京都らしい品や季節のものもある。人気は鶏《とり》肝焼、串《くし》カツ、穴きゅう（穴子ときゅうりの酢のもの）あたりか。常連はビラの紙の色で時期の品を知るそうだ。冬の今は〈たつみ特製かす汁・三二〇円〉が人気で私も食べ、濃い粕《かす》に具沢山でおいしかった。〈プラス五〇円でキムチ入り〉とあるが、これは試していない。

今日は〈いわしままかり〉と〈自家製白菜漬〉。酒は一升瓶逆さまの温燗器から、黄桜の使い回しの緑のガラス一合瓶にとる。安っぽいというなかれ。コレクター（って誰だ）や燗酒通の間では今この銘柄ロゴ入りガラス燗瓶が密《ひそ》かな人気だ。大阪谷町《たにまち》の気鋭の居酒屋「かむなび」でこのコレクションを見て口惜しがると、主人は鼻高々だった。何がよいかというと中が透けて残量がわかることで、残り少しになると大切に飲もうという気持ちがわいてくる。また徳利は口が細いため洗いにくく中の清潔が気になるが、ガラスは一目瞭然《りょうぜん》だ。ということでまずは一杯。

立ち飲みは大体一人か二人客で〈当店ではおごり酒一切お断り致しております〉の貼《は》り紙が睨《にら》みをきかす。私の立つところは厨房《ちゅうぼう》の料理差し出し口のすぐ前で、若いアルバイト店員たちは必ずそこに立って注文が楽だ。できた料理を「それオレの」と言うと「あどうも」と置いて、伝票に線を引く。いつか、できあがった皿が誰の注文かわからなくなり、店員が「〇〇どなたですかあ」と声を上げるが返事がなく、しばらくして「誰か〇〇いかがですかあ」と呼びかけ「オレがもらう」と引き受けた人がいた。酒は一升瓶のキャップを置いてその数で勘定する。隣のおとっつぁんはもう五つもならべ、そろそろ潮時だ。店の隅の上に置いた小型テレビは吉本新喜劇の劇場中継で、この店の昼下がりにベスト。

立ち飲みカウンターが一周した向こう端は座席があり、だいたい常連がいる。その奥は案外広く、卓席で中高年夫婦が一杯やる光景がほほえましく、さらに奥は外の通行人がガラス越しに店内をのぞいて行く。こういうざっくばらんな居酒屋が繁盛《はんじょう》しないわけがない。三、四十分飲んで、その位置に立ったまま勘定。結局この店には一歩で入り、一歩で出た。

もう一軒行ってみよう。三条木屋町「めなみ」近くの大衆居酒屋「よしみ」は十数年前の京都取材で最初に入った店、つまりは京都で初めて入った居酒屋だ。夕方四時半開店のやはり大きなコの字カウンターでこちらは椅子《いす》席。貼り巡らせた黄色の品書きビラは、今日は〈節分いわし焼〉がおすすめでそれを注文。「塩いわしですから醬《しょう》油《ゆ》かけないで」との声で箸《はし》を入れる。

懐《なつ》かしい〈鯨はこんなに役に立つ〉の図表が昔から貼ってある。ここの名物はウネス切り落とし、しぐれ煮、立田《たつた》揚げなどの鯨料理だ。盛りのいい巾着《きんちゃく》とロールキャベツおでん、アジフライ、ニンニク丸揚げあたりは人気だ。今の季節物はやはりかす汁で大・小とある。冬の京都の居酒屋はかす汁が欠かせないのかな。

同じく季節物〈かますご〉がある。三センチから二十センチほどに成長する細いイカナゴの四センチくらいのをカマスゴと言い、茹《ゆ》でたのを三杯酢で食べる。これの小さい新子を甘辛く炊《た》いたのが神戸の人が珍重する「釘煮《くぎに》」で、関東で言う「小女子《こうなご》佃煮《つくだに》」だ。

目の前で主人が丸い生団子を揚げ始めた。

「それ何?」

「自家製コロッケ、味ついてるからうまいよ」

カラリと揚がったピンポン玉くらいのが二個は、ホコホコしてほんわり甘くおいしい。カウンター角の男四人は旅行らしく、京都で気の張らない居酒屋をみつけて喜んでいるようだ。隣の若いカップルは料理を分け合って親密だ。一匹狼《おおかみ》のごとき大人もいる「たつみ」に比べて、こちらはカップルや女性同士も目立つ。十五年前ほど前に初めて入った時に開店五十年と言っていたからもう老舗《しにせ》だ。昔はタクシー運転手や新聞記者が多く、朝日新聞は常連で選挙速報の時は炊き出しを届けたそうだ。

次は河原町阪急裏。隣に「食堂おがわ」ができた「喜幸」も久しぶりにのぞいてみよう。

こちらは小さな白木カウンターの粋《いき》な小料理屋。梅原猛、開高健、長嶋茂雄、緒形《おがた》拳《けん》らの色紙がある。着物に白割烹着《かっぽうぎ》の女性は、若手、中年増、大おかみと三代が立ち、銀髪老主人は椅子で休憩中だ。青豆とうふ、てっぱい、おからの炊いたん、から選んだお通し〈てっぱい〉は関東のぬた和えで、赤味噌《あかみそ》に青柳《あおやぎ》・油揚げ・えのき・葱《ねぎ》・イケヤ貝・赤コンニャクと具だくさんだ。土鍋《どなべ》の湯どうふは、近くの七代続く豆腐屋「近喜」のを使い、最後にたれ醤油を昆布《こんぶ》だしのきいた鍋に放っておつゆにする。

天井に張り巡らせた投網《とあみ》は伊達《だて》ではなく、冬は鴨川で網を打って小魚「ハエ（関東ではオイカワ）」を獲《と》り、店の水槽に放つ。銀鱗《ぎんりん》を光らせる小魚は美しく、泳ぐ姿に見立てて並べた唐揚げは風流だ。今日の水槽の魚はもう少し大きい。

「ハエは今が最盛期ですが今日はなくて。これは地のもろこです」

座るご主人が答えた。額の朝日新聞コラム「天声人語」切り抜きは一九九九年十月・開店五十周年の祝いの集まりの様子を書いたものだ。

〈京都のごちゃごちゃした小路の奥にキーちゃんの小料理屋がある。四条のハンフリー・ボガートこと、キーちゃんが笑いかけてくる。あと数日で古希《こき》の老ボガートだ。木屋町の原節子こと、おかみさんの鈴子さんが酒を温めている。小町娘の喜美代ちゃんは焼物の加減を見ている……〉。

キーちゃんこと浅井喜三さんは、当年八十三歳ながらハンサムな男ぶりは変わらない。勘定しながら大おかみに「原節子様におめもじできて光栄です」と言うと、消え入るような声で「顔あげられしまへん」とお答えになった。

はしご酒は続く

さあてまだ行きまっせ。冬の京都に来て先斗町《ぽんとちょう》にまだ行っていない。どうこう言っても先斗町は京都一の華やかな路地。観光地と言われようが、通は行かないと言われようが、先斗町に行き慣れた店をもつのは悪くない。先斗町で一杯やる時は店を迷わず、スイと入るのが粋だ。よさそうだなと感じていた一軒「酒亭ばんから」に入ってみよう。昼に場所も確かめておいた。

場所は〈通りぬけできまへん〉の看板のある二十一番ろーじ奥。カウンター八席の後ろの三和土《たたき》は案外広く、二階座敷へ上がる料亭玄関の寄り付き席のような雰囲気だ。

上に飾る大黒様の笑った顔がいい。「ばんから」は大きな本店が木屋町にあるが、こちら先斗町店は日本酒に力を入れて「酒亭」を名のり、まもなく開店一年半になるそうだ。酒は伯楽星、山形正宗、弁天娘、十字旭、会津娘、鷹勇《たかいさみ》など充実している。綿屋は家にある。蒼空は食堂おがわで飲んだ。神亀、竹鶴も家の常備品だ。では、

「奥羽自慢・特別純米まめ宝、を燗で」

「かしこまりました」

バーで注文しているような感じだ。湯燗に温度計を入れるのを見て声をかけた。

「四十五度」

「かしこまりました」

〈湯葉・フキノトウ天ぷら・木の芽タコ煮・小さなブリ切身の焙《あぶ》り〉を一口ずつならべたお通しでしばらく一杯。〈とようけ屋さんの油揚〉の「とようけ屋」は、先日初天神だった北野天満宮正門前の老舗豆腐屋だ。京都の油揚げは「薄揚げ」が特徴でたいへんおいしい。私は酒の肴《さかな》に焼油揚げが好きで信州松本の妹から「筑摩揚げ」という名品を送ってもらっているが、この薄さがなくて、京都製には及ばない。もう一つとった〈卵黄味噌漬〉は自分でもよくやり、案外うまくできる。しかしこれでは家で晩酌しているのとあまりかわらんナ。

八席のカウンターは一人か二人で来るのにちょうどよい。いかにも酒好きそうな大柄の兄貴タイプ主人を、グレーのタートルにポニーテール、小顔チャーミングな娘さんが手伝う。

「お嬢さん?」

「いえ、女房です」

「犯罪やなー」

「よく言われます」

グヤジー。悔しまぎれに注文した(そんなことないです)グラグラ土鍋の〈鯨と水菜のはりはり鍋〉は、これも京都名物「黒七味」を振って熱々をいただいた。さっぱりと明快な店は、ふらりと来てさっくり飲むのに最適だ。京都先斗町に行きつけを一軒増やすとしよう。

ここまで来たら十五番ろーじの「ますだ」に寄らないわけにはゆかない。やや遅い時間に入るのは珍しいが、満員でも顔だけ出そう。

「お、いらっしゃい」

一席空いていた。黙って置かれた二尾の鯉《こい》が泳ぐ絵の平盃《ひらはい》は、ある常連の置き盃で私も使ってよいことになっているものだ。カウンターのおばんざい大鉢に、ワカサギにしては小型の南蛮漬がある。

「これ何？」

「もろこです」

「おお、もろこ」

「焼き、もできますよ」

「それそれ」

きれいにならべた〈焼もろこ〉に蛤《はまぐり》型の皿は、冬から春を表してぴったりだ。生姜《しょうが》酢でたべるもろこのはかないおいしさはぬる燗がぴたりと合う。関東の人間にはもろこは味がないと好まれないだろうな。京都では、きす、もろこ、わかさぎ、しらうおなど白身の小魚を大切にするが、関東の好みは血の匂《にお》いのするマグロ、カツオの赤身の大魚だ。

「いらっしゃいませ、おおきに」

今日のおかみは黒地に細い格子《こうし》柄の着物、きりりと締めた帯に差す栓抜きがいい。

「帯の栓抜きがきまってますね」

「商売道具どす」

「そのまま外に出ないよう」

う。

「気ぃつけますぅ（笑）」

後ろに立つ満面にこにこ顔のころころした娘さんが大好きだ。今日こそ名前を聞こ
「牧田でーす、マッキーでいいでーす」

「マッキー」

「はーい」

ショーガねえな、というように主人は苦笑いだ。

「きずしね」

「はい、太田さん、きずし」

やっぱり行きつけはよいものだ。冬の京都のしめくくりはここかな。

見上げる星空

京都最後の夜。早めのスタートで何軒行ったかわからないがもう終わりにしよう。やってきたのはこの冬来ることの多かった祇園新橋。石畳の広い通りは、両側に置屋お茶屋ばかりが軒を接し、夜になって人ひとり通らずシンとしている。昼間でもここは迷い込んだような観光客が歩くだけで人通りはほとんどない。私は数日前フィン

ランディアバーで、祇園新橋に「ザ・コモン・ワン・バー京都」を始めたと聞き、名刺の地図を頼りに昼間さんざん探した。お茶屋バーかもしれないと表札も見て歩き、置屋の一軒に祇園の有名な芸妓・佳つ乃さんの名札も見た。結局見つかっていないが、このあたりのはずで最後の手段、携帯電話だ。

ルルルル……。今いる場所を説明すると、目の前に「何生館《かしようかん》」という看板があるでしょうと言う。ある。その小さな門を入れと言う。

小さな格子の引戸を開け、両側に点々と置行灯《おきあんどん》をならべた暗く長い石畳を奥に進むと玄関になり、左から白シャツに黒ベストの若い男が迎えるようにすっと出てきた。

「太田様ですね」

先導されて、ここもまた薄暗い坪庭を渡った先に煌々《こうこう》と明るいカウンターバーがあった。表からはわからない別世界だ。カウンター中ほどに座ると、細ストライプシャツにレジメンタルタイ、黒縁目がねの見覚えのある顔が前に立ち、ズボン横に両手をピタリと合わせ、深々と一礼した。

「いらっしゃいませ」

バーテンダーでこれだけ深々と挨拶《あいさつ》する人は珍しい。上げた目は私を知っているようでもある。私は名を言い、フィンランディアバーで聞いて来たと言った。

「うかがっております」

「世古さんですね」

「はい、そうです。太田さん、お久しぶりでございます」

方向音痴にここまでの道のりは遠かったが、おくびにも出さず気取っている。

「レッドバイキングをください」

「かしこまりました」

落ちついたさばきのレッドバイキングは先日のフィンランディアバーとは違い、濃くスパイシーに感じる。

「リニエを使いました」

ははあ、なるほど。新酒を樽詰《たるづ》めして船に乗せ、赤道（リニエ）を越え、波の揺れで味を熟成させて戻ったアクアビットをリニエとよぶ。

天井の高い広々としたバーのカウンターは長さ六メートル、幅六十センチ。薄くスライスした石を積み重ねた壁にガラス板二枚をはめてボトルをならべたバックバーは、どことなく北欧風だ。右後ろは大ガラスに囲まれた坪庭、その奥は青畳の純和風座敷二間。ここはモダン京都の奥の院か。去年の八月に開店して四ヶ月たったそうだ。

「何生館て、何ですか？」

「フィンランディアを経営する会社が名付けたんですが」

もと民家を改造して、京都文化の集いなどいろんなことをしてゆくそうだ。

「あの和室は？」

「あれもバーです」

座敷でカクテルを飲む。

「お茶席だね」

「そうですね。もちろんお茶もたてられます」

こういうところに誰が来ているかと見わたすと、スーツの若旦那《わかだんな》ふう、ジャンパーの大旦那ふう、若いカップルもいるが男は酔いつぶれている。世古さんは来た客には必ず深々と頭を下げて迎える。バーテンダーは黙っているのが基本という考えもあるが、自分はほどよい話し相手を心がけるそうで、そつのない応対は人好きが感じられて好ましい。手伝う女性二人もネクタイに黒ベスト、まじめな世古さんとあいまって、嫌みのないきりりとした雰囲気がいい。

「コペンハーゲンを願います」

「かしこまりました」

去年の秋にコペンハーゲン空港でトランジットがあったとき、空港のバーで飲もうと思っていたがスナックバーばかりでカクテルは飲めなかった。

ちょんちょん。手にした大ぶりの氷を包丁で切り分けている。表面にできるギザが役割になるそうだ。シェイカーに材料を入れて味をみて一瞬迷い、グランマニエ（オレンジリキュール）とレモンジュースを少し足し、もう一度慎重に味見し、振りに入った。

「どうぞ、オールボルグのリニエを使いました」

私はオレンジ色のカクテルグラスを高く上げた。

どこか違うところにしばらくでも住んでみたいという願いをささやかに実現した、夏冬一週間ずつの京都。結局したのは酒を飲むことだけだった。なじみの店はたくさんできた。これからはいつ京都に来ても不自由はないだろう。

しかしそれだけではなかった。日ごろの仕事も家庭も人間関係も一切を忘れた一人に帰ったときの自分を見た。なぜ私はこんなことをしたのか。忘れかけていた自分を思い出すためにやってきたのかもしれない。

ツイー……。

「うまい」

世古さんはにっこり笑い、両手をズボン横にそろえて一礼した。

外に出ると暗い中に祇園新橋の石畳が冷え冷えと光る。見上げる夜空は星空だ。星を見るのは久しぶりだ。この旅を思い出すとき、この星空も思い出すことにしよう。
明日は東京に帰る。私はゆっくりと三条大橋へ向かって歩き出した。

「たつみ」1670円
「よしみ」1560円
「喜幸」2800円
「酒亭ばんから」3950円
「ますだ」4000円
「ザ・コモン・ワン・バー京都」3150円

おわりに

居酒屋の本をたくさん書いたが、ひとつの町についてこんなに長く書いたのは初めてだ。動機は「はじめに」に書いた通りだが、もうひとつある。

日本一の観光都市京都の飲食について書いた本は山ほどある。女性誌、中年男性誌でも秋冬の京都特集は定番で、名店ガイドも次々に出ている。しかしそれらの内容は、おおむね表面的であまりリアリティを感じない。観光だから表面的でよいのかもしれないが、自分の足で歩いた感じがない。

一方、京都は表だけではわからない。観光では近づけない奥の奥を知らなければ本当の京都はわからないとよく言われる。京都に住む人だけが知ることがたくさんあると。そこをねらって雑誌は「地元だけが知る本物の京都」と記事にする。

きっとそうだろう。それなのに地元人でない者がたかだか二回の取材で本などにして恥をかかないか、という気持ちはあった。

あったが実行した。これは京都通が書いた本ではないと言い切ってしまえばよい。夏冬一週間ずつの間に経験したこと以上のなにものでもないと。京都通の方に冷笑されればそれまでだ。

またひとつ。枚数無制限の書き下ろしゆえ長く書ける。かねがね、ひとつの店の体験をすみずみまで書いてみたいという気持ちがあった。それを徹底した。入った店をすべて書いたわけではない。京都といえどもはずれた店もたくさんあった。

というわけで、読者の方に有益かはわからないが、ある中年（初老？）男の無鉄砲な飲み歩き記録として笑ってやってください。文章を書かせていただいたすべてのお店にお礼を申しあげます。

平成二十三年五月

太田和彦

文庫版あとがき

平成二十三年五月に『ひとり飲む、京都』を出版、二十八年にこの文庫にしていただいた。その五年間に「樽」「トレフルドール」が閉店、場所や様子が変わった店もいくつもある。京都といえども飲食店の変遷《へんせん》はあり、それがまた、長く続いている店の価値をさらに感じさせる。

書籍版が出た後、京都の出版社・淡交社から京都の居酒屋本を頼まれ、二十七年『京都、なじみのカウンターで』にまとまったのは、京都について書くことを地元に認めていただけたようで嬉《うれ》しかった。

今も京都通いは続き、「なじみ」は増えた。「一週間でいい、その町の住人になった気分に浸りたい」という執筆動機は現実の日々になり、そうなるとますます居心地が良い。

日常化というほどではないが、決まった宿に泊まり（これがホテル難でなかなかたいへんなのだが)、することは朝のコーヒーと京都新聞、昼飯、夜の酒、のみ。空いた時間はたとえば昼寝している。

初めての店に入ってみる意欲は薄れていないが、それについて何か書いてやれという下心のない酒は純粋で、それほどでもなければ深追いせず、なじみに足を向ければよい。そこで、

「太田さん、おこしやす」

「どうも、酒と……」

徘徊《はいかい》隠居老人だ。テーマは「ひとり飲む、京都」から「ひとり隠居、京都」に変わった。

平成二十八年二月

太田和彦

解説——たくさんの、ふつうの、いい言葉が降ってくる

澤田康彦

「だから、ちがうんだよ、サワダくん。君の問題点はだねえ……」

と言った太田和彦が目の前から消えた。

え？

居酒屋でしこたま飲んだあとの二軒目のバーである。酔って次第に眼が据わってきた太田がぼくにカラみかけた途中、カウンター前から手品のようにいなくなったのだ。驚いて探すと、彼は止まり木の下、床の上にぺちゃんとひしゃげている。なんのことはない、スツールから落ちたのだ。

《太田さんは、ほとんどの場合、「同行者」と静かに店の片隅に腰を降している。古き良き店のたたずまいを決して邪魔していないふうだ。そして、時折、店の常連客と静かに言葉を交わす。（中略）ちょっぴり漂う侘《わび》しさに大人の味がある》（山田詠美『ニ

ッポン居酒屋放浪記　立志篇』解説／新潮文庫）

《なんだかしずかな男が一人、一座の端っこの方でひっそりとした微笑《ほほえ》みなど浮かべながらさり気なく盃《さかずき》を口許《くちもと》に運んでいるのだ。（中略）バカ酒呑《ざけの》み仲間の酒盛りの席で、そのようにひと口ひと口酒を味わって静かに飲んでいる男というものを僕は初めて見た》（椎名誠『ニッポン居酒屋放浪記　望郷篇』解説／新潮文庫）

そういう「太田さん」もいるだろう。山田詠美、椎名誠の前ではそうかもしれないな。でも、そうではない「太田め」もいるのである。

「ちがうんだよ、サワダくん。若尾文子《あやこ》の代表作はだな！」

あれは映画のロケハンの夜だったな。福島の古い旅館の夕食時にしこたま飲んだあと、部屋飲み開始、談が映画に及んだ太田は興奮のあまり部屋のビニールスリッパを振り回し、虎《とら》の子の日本酒の瓶をばたんと倒した。ほろ酔いではなく、どろ酔いといった感じで、灰皿を幾度もぐい飲みと間違えて注《つ》ぎそうになったり。

《太田さんは、酒の飲み方がきれいだ。というか、きれいに酒を飲むことを心がけている。「酒は静かに飲むもの」と思い定めている。（中略）酒を飲むという大事な時間に、女性の色気などという余計なものを持ちこまない。（中略）一種ストイックでもある。群れない。騒がない。いばらない。あくまで、静かに酒を楽しむ。》（川本三郎『ニッポンぶらり旅　アゴの竹輪とドイツビール』解説／集英社文庫）

そういう「太田さん」もいるだろう。端整な川本氏とはそれはそういう飲み方だったに違いない。だが、そうでもない太田めもいるのである。

「女性の色気」にぐにゃ〜んとなっている彼をぼくは幾度か見てきたわけで。

かなり酔っ払って歩くのさえあやしい彼を「やっかいばらいするように」タクシーに押し込んで帰して飲み直した、と証言する友人女子もいる（元居酒屋研究会メンバー）。複数いる。

いやいや、勘違いしないでいただきたい。ぼくはここで彼をオトシメようとする者ではないのだ。第一そんな記憶なんてもうずいぶん昔のことだし。それに仲間であり、ひと回りほど歳下《としした》のぼくらと飲むときは、取材でもなんでもないし、やっぱりいちばん心地よく気を抜いているひとときに違いないもの。

ただ著作を読む限り、いつもとてもカッコよく素敵に飲んでいて、本書『ひとり飲む、京都』でも、剣戟《けんげき》映画の素浪人や、ちょっとしたハードボイルドの探偵のようだな。でも、ホントかな？　ホントはどんな飲み方をしているのかな？　なんてちびっと疑ったりもして（ひがみもあるし）、読者には実の姿（の一部）をお伝えしとこうと思ったしだいであります。

安心してください。太田和彦は剣豪ではありません。あなたの隣にいる、ふつうのお酒好きのおじさんなのでありますよ。飲んだら酔う。ダメな飲み方もある（あった？）。つぶれた夜もあった。けれど、基本にこにこと機嫌のよい人。褒めると喜ぶ人。時に説教する人。年々ガンコになる人。ケチじゃない。いろいろ教えてくれる先達でもあります。真面目《まじめ》でこまめ。美しいもの、儚《はかな》いものが好きだな。歳上を敬う人。女子に甘いかな。酔うと誰もが美人に見えるらしい。そして、全体的にオッケーな人。人を人として認めていく人。

その魅力を川上弘美はこう書いている。

《うまくできなくても、自分にがっかりしないでもすむのが、太田さんの本の素晴らしさだ。いろいろありますよ。酒なんだから。失敗も。いい店もいいけど、たいしたことない店もいいもんだし。そんなふうにいつも太田さんの本は言ってくれる。そこがすてきなのだ。そこがおおらかなのだ》（『ニッポン居酒屋放浪記　疾風篇』解説／新潮文庫）

その通りだな。《いろいろありますよ。酒なんだから》。《おおらか》。

友人も彼を評してこう言ってたっけ。

「太田さんは中国大陸生まれだからかな、おおらかなんだよね。飲み出した時間は多少うんちくが出るけれど、飲んでいくうちに酔っ払って、だんだん大ざっぱになってきて、そこらへんの時間から心地いいんだ」

なるほどねえ。そうやって力を抜くタッチで、人と会う。誰かが丹精込めて作った酒を飲み、料理人が誠実に仕上げた肴《さかな》を口にするという姿勢。基本がリスペクトから成り立っているので清潔だ。いずれの著作もそういう共通の風が吹いているのだ。


が、さて今回の『ひとり飲む、京都』はいつもと趣向が違う本でもある。

書き下ろしであること。ひとつの町に限定して書かれていること。二つの季節に一週間ずつ滞在するというルールを課していること。同行者のいないこと。行き先が居酒屋とは限らないこと。

かくして京都の、六月と一月が選ばれ、なじみの宿に滞在、一人旅が始まる。

居酒屋道の求道者と言えども、朝昼も飲んでいるわけではない。当たり前だ。朝はコーヒーの香りが漂う。モーニングサービスとかも頼んだり（京都はモーニング文化のある町なのだ)。昼はうどん、そば、丼《どんぶり》が中心で、お出汁《だし》の匂《にお》いが漂う。お店をはしごしたりして、けっこう食べるんだなあ……と、この酒呑みの昼間の生態もわかったり。

いったん宿に帰って休みをとり、体力温存をはかる。このへんがコンピュータのロールプレイング・ゲームのようで可笑《おか》しい。けれどわかる。長逗留《ながとうりゅう》になると、昼寝の時間がとてもうれしくありがたく大切なのだ。

飲みと食べに一点集中する姿はストイック、という表現でいいのかどうかわからぬが、潔《いさぎよ》い。これにより「思索」の時間が生まれる結果となった。

もちろん圧巻は夜のはしごで、既に数多くの著作があり、《五十歳を過ぎた頃から京都は時々来るように》なったという彼の知己は多い。かつて「いい酒、いい人、いい肴《さかな》」などとうそぶき、居酒屋研究会結成の辞をそのまま実践し続けた出会いの成果、結晶がここにある。かくあらまほしき「常連さん」の鑑《かがみ》が見られますね。常連を自認される方は学ぶように。

ぼくも時折声をかけてもらった居酒屋研の活動はもう三十年近くも前のことだ。彼とよく飲んだ椎名誠組の何本かの映画製作現場も当時であり、思えばあの頃から太田ワールドは始まっていたのだなあ。

折々の太田和彦を思い出す。実にマメに居酒屋研の手書き機関誌を作っていたこと。映画では美術担当で、数々の作業をこなしつつひっきりなしに準備中の食事のチェックをしに来ていたこと。丁寧に愉《たの》しげに手書き新聞『ホネ通信』を発行していたこと。石垣島のロケでは民宿の庭に〈ホネバー〉という木製野外カウンターを、助監督とモメつつ造り上げたこと。そのバーは結局助監督も夜な夜な通ってくる癒《いや》しの社交場になったこと。

ぼくは今もあの日々を思うと胸が熱くなる。太田のみならず、あそこで共に酒を酌《く》み交わした仲間の笑顔を忘れない。あの日々出会った何十人もの彼ら彼女たちは、今でもどこかの酒場で会うと「おう!」と親しく挨拶《あいさつ》する関係であり、一生の宝物だ。

言うなれば、太田やぼくらが作った眩《まぶ》しい出会いの場であった。あれはつまり、青春だったのだな。出会って何かを実現するのではなく、出会うことが人生の目的なんだと、歳とった今は納得する。それは居酒屋のひと晩ひと晩に似ている。

本書は「中年一人旅のススメ」という成り立ちである。だがさらに本質を追究すると、出会いと再会の本とも言えるだろう。とびきりの酒・肴と出会い、人間と出会う。再会する。旅人として町とふれあう本。その町のフトコロは深いか浅いか? それはおのれ次第なのであるよ、と。

さきほど「ふつうのお酒好きのおじさん」と筆を滑らせてしまったが、このおじさんが示してくれるのは、人生のヨロコビについてである。それはそんなに難しくなく、日常の気づかい、誠実な時間、ちょっとしたコマメな作業の積み重ねによって手に入れられるということ。そういう指南書であり、それを意識して読むといい。

たくさんの、ふつうの、いい言葉が降ってくるから。

そんな旅人・太田和彦を敢えてカッコよく描写すると、近頃は『七人の侍』の志村喬《たかし》っぽくなってるかなあ。「まいったまいった」と頭をぽりぽり搔《か》く仕草とか。三船敏郎のような無鉄砲でもなければ、宮口精二のような剣客でもないけれど、志村演じる島田勘兵衛《かんべえ》的達人に近い温厚で気さくな、しかし「できる」雰囲気を持っている(こう書くと喜ばせてしまいそうなのがちょっとシャクだな)。

俳優・渡辺文雄《ふみお》の解説にはこうある。

《太田君自身にとっての、旅の目的は何だろう。居酒屋をめぐる彼の旅は、はしご酒に似ていると、私は思う。はしご酒の目的は、実は酒ではない。椅子《いす》なのだ。今宵《こよい》、心おきなくくつろぐことのできる椅子。いちど座ったらもうどこにも行きたくなくなるような椅子。そんな椅子を探して、人ははしご酒を繰り返す》(『超・居酒屋入門』解

説／新潮文庫）

なるほど。カッコいいな。

しかし太田君、きみ、二軒目でスツールから落ちとったやないか！

と突っ込んではおきたい。

（二〇一六年一月、『暮しの手帖』編集長）

ランチ

まるき
　中京区錦小路通御幸町東入ル
麺房美よし
　中京区河原町通三条下ル三丁目東入ル南車屋町288-2
　☎075-211-7754
本家尾張屋　本店
　中京区車屋町通二条下ル　☎075-231-3446
辨慶　東山店
　東山区五条大橋東入ル東橋詰町30-3　☎075-533-0441
大黒屋
　中京区木屋町通蛸薬師西入ル南車屋町281　☎075-221-2818
祇をん　萬屋
　東山区花見小路通四条下ル二筋目西入ル小松町555-1
　☎075-551-3409
西陣　鳥岩楼
　上京区五辻通智恵光院西入ル五辻町75　☎075-441-4004
ふた葉
　上京区今出川通七本松西入ル真盛町719　☎075-461-4573
富美家
　中京区堺町通蛸薬師下ル菊屋町519　☎075-222-0006
オステリア・バスティーユ
　中京区烏丸蛸薬師東入ル一蓮社町310 メゾン高見１階
　☎075-222-0788

居酒屋

祇園きたざと
　東山区祇園町南側570-120　☎075-561-0150

赤垣屋
　左京区川端二条下ル下孫橋9　☎075-771-3602
蛸八
　中京区蛸薬師通新京極西北側　☎075-231-2995
御料理たまりや（「たまりや」より名称・住所変更）
　東山区祇園町南側570-122-251　☎075-541-5670
　※現在はコース料理のみ提供中
ますだ
　中京区先斗町四条上ル　☎075-221-6816
御料理　めなみ
　中京区木屋町三条上ル　三条木屋町ビルⅡ1F
　☎075-231-1095
魚とお酒　ごとし
　中京区高倉通二条下ル瓦町543-1　☎075-255-4541
よしだ
　中京区西木屋町通六角山崎町258-21　☎075-231-7510
京極スタンド
　中京区新京極通四条上ル中之町546　☎075-221-4156
食堂おがわ
　下京区西木屋町四条下ル船頭町204　☎075-351-6833
小鍋屋いさきち
　東山区祇園花見小路新橋西入ル巽小路上ル西之町232-5
　☎075-531-8803
たかはし
　下京区高倉四条下ル　京阪ビル2階　☎非公開
神馬
　上京区千本中立売上ル玉屋町38　☎075-461-4322
問答無用いなせや（「魚戸いなせや」より名称・業態変更）
　中京区柳馬場通六角下ル井筒屋町421　☎075-708-7319
　※現在は居酒屋として営業中
櫻バー
　東山区大和大路通五条上ル山崎町376　☎075-531-1664

たつみ

中京区裏寺町四条上ル中之町572　☎075-256-4821

よしみ

中京区三条木屋町上ル一筋目西入ル　☎075-252-4110

喜幸

下京区西木屋町通四条下ル船頭町202　☎075-351-7856

酒亭ばんから

中京区先斗町四条上ル鍋屋町209-8　☎075-221-5118

バー

祇園サンボア

東山区祇園町南側有楽町570　☎075-541-7509

バー・スタンド

中京区四条通木屋町上ル13番路地東入ル2階

☎075-241-1106

酒陶　柳野

中京区三条通新町西入ル　☎075-253-4310

カルバドール

中京区寺町通二条下ル　☎075-211-4737

ノイリーズ　コーヒー&スピリッツ

中京区西高瀬川筋四条上ル紙屋町367　たかせ会館2階

☎090-3672-2959

ロッキングチェア

下京区御幸町通仏光寺下ル橘町434-2　☎075-496-8679

ぎをんフィンランディアバー

東山区祇園町南側570-123　☎075-541-3482

エル・テソロ

東山区大和大路通新橋上ル西側　大和ビル1階

☎075-541-1770

バー　クーゲル
　東山区大和大路通四条上ル161-3　☎ 075-525-2911

喫茶店

イノダコーヒ三条支店
　中京区三条通堺町東入ル桝屋町69　☎ 075-223-0171
フランソア喫茶室
　下京区西木屋町通四条下ル船頭町184　☎ 075-351-4042
エイト珈琲店
　中京区寺町通二条下ル榎木町100-1　☎ 075-231-4898
月と六ペンス
　中京区二条通高倉西入ル松屋町62　杉野ビル201号　☎ なし
直珈琲
　中京区河原町通三条上ル恵比須町534-40　☎ なし
スマート珈琲店
　中京区寺町通三条上ル天性寺前町537　☎ 075-231-6547
前田珈琲本店
　中京区蛸薬師通烏丸西入ル橋弁慶町236
　☎ 075-255-2588
エレファントファクトリーコーヒー
　中京区蛸薬師通河原町東入ル備前島町309-4　HKビル２階
　☎ 075-212-1808
静香
　上京区今出川通千本西入ル南上善寺町164　☎ 075-461-5323

※住所、電話番号は2016年２月現在のものです。本文に提示した金額は、著者が取材時に支払った総計ですが、注文品をすべて文章に記しているとは限りません。価格の変動もありますので、あくまでも目安としてお考えください。

Eight
Coffee Eight
エイト珈琲店

この作品は二〇一一年五月マガジンハウスより刊行された。

ひとり飲《の》む、京都《きようと》

新潮文庫　お－52－8

平成二十八年四月一日発行

著者　太《おお》田《た》和《かず》彦《ひこ》

発行者　佐藤隆信

発行所　株式会社新潮社

郵便番号　一六二―八七一一
東京都新宿区矢来町七一
電話　編集部(〇三)三二六六―五四四〇
　　　読者係(〇三)三二六六―五一一一
http://www.shinchosha.co.jp

価格はカバーに表示してあります。

乱丁・落丁本は、ご面倒ですが小社読者係宛ご送付ください。送料小社負担にてお取替えいたします。

印刷・大日本印刷株式会社　製本・株式会社大進堂

ISBN978-4-10-133339-7　C0177